U0594296

高中物理教学理论与策略研究

秦丕权 著

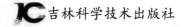
吉林科学技术出版社

图书在版编目（CIP）数据

高中物理教学理论与策略研究 / 秦丕权著. -- 长春:
吉林科学技术出版社, 2023.3
ISBN 978-7-5744-0267-6

Ⅰ. ①高… Ⅱ. ①秦… Ⅲ. ①中学物理课－教学研究
－高中 Ⅳ. ①G633.72

中国国家版本馆 CIP 数据核字(2023)第 063852 号

高中物理教学理论与策略研究

著　　　者　秦丕权
出 版 人　宛　霞
责任编辑　杨超然
封面设计　正思工作室
制　　版　林忠平
开　　本　710mm×1000mm　1/16
字　　数　200 千字
印　　张　9.5
版　　次　2023 年 3 月第 1 版
印　　次　2023 年 3 月第 1 次印刷
出　　版　吉林科学技术出版社
发　　行　吉林科学技术出版社
地　　址　长春市福祉大路 5788 号出版大厦
邮　　编　130021
网　　址　www.jlstp.net
印　　刷　北京荣玉印刷有限公司
书　　号　ISBN 978-7-5744-0267-6
定　　价　75.00 元

前　言

在新课程改革的要求下，想要实现高中物理课堂的高效性，必须紧跟新课改的要求和新时代的主题。教师需要通过时刻谨记新课改中以人为本的学生观，把学生作为学习的主体，让学生做学习的主人的同时，通过自己的指导使学生真正地学好物理知识，在学习知识的同时实现学生的全面发展。只有这样，教师的教才能算上真正意义上的教。而这也要求了教师的教学策略要符合学生自身的发展特点，要有针对性地及时对不适合学生的教学策略做出调整。如合理利用信息技术教学激发学生的学习兴趣；在物理课堂的教学中注意理论多联系实际、多结合实践使学生对物理的学习不再枯燥等。

本书的章节布局，共分为七章。第一章是高中物理教学概述，本章主要就高中物理教学、高中物理教学现状进行详细的阐述和分析；第二章对高中物理体验式教学理论与策略概述做了相对详尽的介绍，介绍了高中物理体验式教学模式的理论基础和实践计划；第三章是高中物理项目式教学理论与策略，本章主要对项目式教学的内容选择与目标制定、项目式教学的素材收集与问题设计、项目式教学的工具支持与活动组织、项目式教学的过程性评价与目标达成、项目式教学的操作流程进行简要阐述；第四章是高中物理概念式教学理论与策略，本章主要对物理概念教学的理论基础，首先总体论述物理概念教学的理论基础，然后在此基础上详细介绍了物理概念教学的问题分析，最后对物理概念教学的方法策略进行研究；第五章是高中物理专题式教学理论与策略，本章立足于从高中物理专题教学常用方法进行审视与分析，再从高中物理专题教学常用策略进行阐述。第六章是高中物理规律教学理论与策略，本章从探究规律型教学模式、构建高中物理探究规律型教学模式的必要性、探究规律型教学模式的构建与实施进行阐述；第七章是高中物理实验教学理论与策略，本章从物理实验概述、物理实验的学习过程和物理实验教学策略进行分析。

本书在撰写过程中，参考、借鉴了大量著作与部分学者的理论研究成果，在此一一表示感谢。由于作者精力有限，加之行文仓促，书中难免存在疏漏与不足之处，望各位专家学者与广大读者批评指正，以使本书更加完善。

编委会

内容简介

　　传统模式下的高中物理教学是以"灌输式""填鸭式"教学为主，物理课堂也只是教师单纯的知识传授，忽视了学生能力与素质的培育，学生处在这一环境下对于物理知识理解不足，存在较多高分低能的情况。为了改善这一现象，就高中物理教学的应用理论和策略展开了探究，囊括了高中物理体验式教学、项目式教学、概念式式教学、规律教学、实验教学，有效提高了教学指导的针对性，是一套系统深入学习物理教学理论与经验的教育类书。

目　录

第一章　高中物理教学概述

第一节　高中物理教学

21世纪是以知识的应用和创新为重要特征的知识经济时代，国民素质的优劣直接决定了国家竞争力的强弱。"决定人类命运的最重要的因素是人的素质，不仅是精英人物的素质，而且是几十亿普通地球居民的平均素质。"因此，世界各国都将提高国民素质当作最重要的发展战略之一。由此，提升全民科学素养的历史重任则落到了科学教育的肩上。无论古今中外，教育中最值得人们关注的问题就是要培养怎样的人以及怎样培养人。

普通高中课程改革不仅仅是社会经济发展的客观要求，更为重要的是高中生作为人的全面发展的内在需要。普通高中教育作为基础教育，应该满足当代高中生的整体素质提高的需要。

从教育部对普通高中课程满意度进行的调查结果可以看出，人们对普通高中教育的价值关注仅仅表现在"上大学"上，但对高中生的生活状况、人生发展的根本需要等关注不够。在处理好基础知识和基本技能关系的同时，高中课程的设计与实施还应把握如何发挥高中教育的时代价值，关注高中生整体素质发展，实现其培养目标，这是高中教育面临的真正挑战。普通高中课程结构如何体现学生的个性差异，很好地满足学生素养发展的需要，如何关注高中生的全面发展的需要，是高中生的人生发展对普通高中课程改革提出的新要求。

普通高中物理教育作为基础教育的重要组成部分，对于学生的科学素养的培养，起着至关重要的决定性作用。而物理学作为一门以实验为基础的自然科学，也是高中阶段学生学习的重点和难点。高中物理课程的改革，关系着整个基础教育课程改革的实施成效。

一、我国物理课程改革的历史进程

自1949年以来，我国的高中物理教育历经几个特征显著的时期，并同时进行了若干次课程改革。回顾历史是为了使我们更好地继承和发展已有的教育体系，以迎接新时代对物理教育提出的挑战。

（一）1949——1957年"全面学习苏联时期"

新中国成立之初，国家百业待兴，基础教育得到政府的高度重视。1950年，教育部颁发《中学物理精简纲要（草案）》，对中学物理教学进行指导。1951年，教育部制定出《普通中学物理课程标准（草案）》，这是新中国第一部中学物理教学大纲。1952年，刚刚组建的人民教育出版社修订改革旧教材，编写出一套中学物理教材，这是新中国第一次对中学物理课程进行改革。同年，教育部制定并公布了《中学物理教学大纲（草案）》，该大纲第一次明确按力、热、光、电、原子的体系安排物理教学内容，突出物理教学内容的学科体系，第一次确立我国初高中物理教学内容呈现"螺旋式上升"的格局。

（二）1956——1965年"教育大革命时期"

在"教育大革命时期"，我国的中学物理教育有觉醒也有冒进。因对我国当时教育现状缺乏深入调研，只一味照搬苏联的教育模式，导致中学物理教学内容偏多偏难，学生学业负担过重。1958年，国务院发布《关于教育事业权限下放的规定》，全国各地掀起了"中学义务学制改革和课程改革"的高潮，各地课程改革和教材不统一，对教学大纲的修订出现盲目冒进的趋势，中学物理教育不可避免地出现了"大跃进"。1953年，教育部认真总结经验教训，根据中共中央、国务院提出的"调整、巩固、充实、提高"八字方针，颁布了新的《教学计划（草案）》和《全日制中学物理教学大纲（草案）》，这是我国中学物理课程的第三次改革。1963年，中学物理教学大纲首次提出了培养学生的实验技能和计算能力，强调了"双基"教学，形成了具有我国特色的"双基"论。

（三）1966——1976年"教育大倒退时期"

在这一特殊时期，首当其冲成为"革命"对象的就是教育，从"停课闹革命"到物理课改为以"三机一泵（拖拉机、柴油机、电动机、水泵）"为主体形式的"工业基础课"，先前的教学改革成果被彻底否定，我国物理教育质量出现"倒退"的情况。

（四）1977——1985年"拨乱反正，教育复苏时期"

"文化大革命"结束后，1977年，国家恢复高考制度。1978年，教育部颁布《全日制十年制学校中学物理教学大纲（试行草案）》，1988年人教社出版了与之配套的高中物理课本。由于1978年的大纲在实际教学中存在的问题，1983年，教育部又颁布《高中物理教学纲要（草案）》，这是新中国成立以来第一部单纯高中阶段物理教学大纲。1984年，人教社出版了《高中物理（乙种本）》，并把原教材定为甲种本，供两类不同要求的学校使用。

（五）1986——1998年"教育改革稳步推进时期"

1986年，当时的国家教委修订并颁布《全日制中学物理教学大纲》。该大纲删掉了各章的学时分配，给授课教师以较大的课时安排自由度，使教师可根据所教学生的情况改变课时，这些举措促进了日后中学物理"一纲多本"的实现。1988年，原国家教委颁发了《九年义务教育全日制初级中学物理教学大纲（初审稿）》之后，中学物理课程正式分离成"初中"和"高中"。1994年，原国家教委颁布《现行普通高中教学计划调整的意见》，规定物理在高一和高二为必修，高三为选修，并对1986年的大纲进行修订，降低了部分教学内容的教学要求。

（六）1996——2003年"探索素质教育时期"

1993年，中共中央、国务院公布《中国教育改革和发展纲要》，我国义务教育开始进入素质教育实验推广阶段。1996年，原国家教委颁布《全日制普通高级中学物理教学大纲（供试验用）》，该大纲将高中物理由"二一分段"改为必修和选修"两类物理课"，这标志着我国高中物理课程开始进入素质教育试验阶段。2000年，原国家教委将供试验用的大纲进一步修订为试验修订版，并增加了"课题研究"内容，在全国范围推广使用。

二、高中物理新课程改革的背景

邓小平同志曾经说，"一个十几亿人口的大国，如果把教育搞上去了，巨大的人才资源优势是任何其他国家比不了的"。因此，全面提升国民素质是中国教育责无旁贷的使命。

（一）改革传统的高中教育势在必行

反思我们从素质教育实行以来的传统高中教育，改革势在必行。"高中教育变成了以升学为唯一目的的教育，学校在追逐高升学率的过程中，往往忽略了学生健全人格和身心等各方面的发展."高中物理教育甚至是简单粗暴的填鸭式教学，虽然能解决一时的考试之需，但却严重阻碍了学生能力的发展。

随着我国经济的发展，与世界各国广泛开展了合作，与此同时，国际竞争也日益加剧，这对我们的综合国力和人才素质提出了新的挑战。过于注重知识目标的传统的高中课程目标已经无法适应时代的需求，要想有进一步的发展，就必须进行课程改革。

（二）世界课程改革潮流的应有之义

随着世界经济的发展，知识的价值达到了前所未有的高度，而知识更新速度的加快，使得世界各国都开始着手教育的改革，以提高知识的创新和应用速度，提升国际竞争力。而今，许多发达国家走在了我们的前面。从国际的发展趋势来看，教育已成为世界各国的立国和强国之本。

1985年，美国促进科学协会提出一项科学教育改革计划，组织了由全美26名杰出科学家和教育家组成的专家组，研究从幼儿园到高中的学生应掌握的科学知识、能力和思维习惯，并于1989年提出一份研究报告，即《普及科学——美国2061计划》，目的是立足21世纪，全面改革美国的科学和技术教育，提高教育质量；在此基础上，美国于1996年提出《科学素养的基准》，1996年制定《国家科学教育标准》。

20世纪90年代美国的教育改革是上次教育改革的深入和拓展，是一场具体落实和实施美国国家教育目标的改革。其中科技教育改革的基本特征表现在以下几个方面：

科学主义和人文主义并重，"文化脱盲"和"科学脱盲"并重；科学教育不仅需要适应现实的科技革命的需要，还应适应21世纪科技发展的要求；科技教育的目的在于提升全民的科学素养和科技能力，而不仅仅局限于尖端科技精英的培养。

1988年，英国议会通过了《1988年教育改革法案》。1999年，英国颁布新的课程标准，强调培养学生的基本技能，例如，交流能力、搜集处理数据的能力、应用信息技术的能力以及解决问题的能力等。

韩国在科学课程标准中，强调让学生通过理解科学事实、原理、规律和理论等，学会运用基本的科学方法，形成创造性地解决问题的能力。课程目标是使学生经历科学的探索过程，并将其应用于解决实际生活问题；理解基本的科学知识并应用其解释自然现象；具有科学方面的学习动机和兴趣，有学习科学的积极态度；能意识到科学对技术进步和社会发展的影响。

20世纪90年代以来，日本、新加坡、加拿大和法国都启动了新一轮课程改革。例如日本提出要培养面向世界的日本人；新加坡提出了教育改革三大方针：资讯，国民教育、创意思考。

三、高中物理新课程改革的推进与实施

从上述各个国家课程改革的历史进程我们可以看到，世纪之交，基础教育的课程改革在世界范围内受到了前所未有的重视。各个国家都把基础教育课程改革作为增强国力、积蓄未来国际竞争实力的战略措施。在这样的背景下，我国启动了新一轮的基础教育课程改革。

（一）理念和目标的形成

1995年，原国家教委召开全国高中教育工作会议。1996年，教育部颁布《全日制普通高中课程计划试验》。2000年，再次颁布《全日制普通高中课程计划试验修订稿》。2001年，教育部颁布《基础教育课程改革纲要试行》，系统规划了新世纪我国基础教育课程改革的蓝图。

（二）方案和标准的研制

"2001年秋季，在义务教育新课程开始实验时，教育部正式启动了普通高中新课程方案和课程标准的研制工作，1499多名来自全国高等院校和科研院所的课程专家、学科专家以及中小学教学一线的优秀教师、教研员参与了此项工作。一年多来，教育部组织召开了13次高中新课程方案及标准研制工作会议，专家们为高中课程改革进行了不懈的努力和探索。在广泛深入调查、研究的基础上，形成了高中课程方案实验和各学科课程标准实验。经过专家的审议和教育部党组的研究审定，2003年3月31日，教育部印发了《普通高中课程方案（实验）》和15个学科的课程标准实验。"2003年，《普通高中课程方案（实验）》颁布，自此，课程改革在全国范围内蓬勃发展，我国课程改革进入了一个全新的阶段。

（三）改革实验的推进

2004年秋季，高中课程改革正式启动，首先进入高中新课程实验的四个省市区分别是广东省、海南省、山东省和宁夏回族自治区；2005年秋季，江苏省进入高中新课程实验；2004年秋季，福建省、浙江省、安徽省、天津市、辽宁省进入高中新课程实验；2007年，黑龙江省、吉林省、北京市、陕西省、湖南省开始实行新课程；2008年，山西省、江西省、河南省、新疆维吾尔自治区及新疆生产建设兵团加入新课程的行列；2009年，河北省、湖北省、内蒙古自治区、云南省进入高中新课程；2010年进入课改的有广西自治区、贵州省、青海省、甘肃省、西藏自治区，至此全国各地全面实施新课改。

四、高中物理课程改革带来的启示

纵观历次课程改革发现，任何改革，最终都要有赖于教师对课程的理解和实践来执行，教师发挥着关键作用。正如富兰在阐述教师在实施教育改革方案中的作用时写"有意义的教育改革包括观念的改革、教学风格的改革和教学材料的改革，这些只有通过在一定的社会背景下的个人的发展来实现"。

教育部在新课改前对普通高中课程现状进行调查，调查范围是北京、辽宁、江苏、广东、黑龙江、江西、广西、河北、山西、宁夏等10个省（区、市）。样本容量为14036名不同层次的学生。调查结果显示，学生认为内容太难的学科中，物理学科排在首位。

物理学既是培养学生科学素养最重要的学科之一，又是学生认为最难学的学科。因此，将什么样的物理内容教给学生，用什么样的方式和策略教给学生，学生在学习物理科学时存在哪些困难等关键问题，是提高高中物理教育质量的关键。这就给教师的教学带来了困难和挑战。

第二节　高中物理教学现状

在全面深化普通高中课程改革的背景下，一线教师都在践行新课改的理念，对教学改革积极探索并付诸实施。然而，走进高中物理教学课堂，一些弊端还是比较明显，主要表现在三个方面：一是"以教为本"，二是"多教少学"，三是"以教定教"。

一、以教为本

在教学活动上，表现为"以教为本"。

（一）以教师展示知识为本

课堂教学时，许多教师的"备课"就是阅读物理教材和寻找物理题目，极少考虑或者没有考虑学生面对这些物理知识时是如何学习的。

教学时往往只是依据自己对教材的理解，将物理知识传授给学生，很少与学生对话，很少设计并开展多种物理学习活动。

在教学结束时，教师往往用带有"小结"字样的课件向学生展示本节的知识结构，说明本节学习了什么要点，需要注意哪些事项等。很少问学生，本节课你学了什么，感受最深的是什么，还有哪些疑惑。教师展示的是自己领悟的知识结构，并非学生所构建的。

在习题课上，教师通常将自己归纳的知识结构清晰地展示给学生。例如，计算功的知识结构是：

恒力做功用 $W=Fl\cos\alpha$ 求解；

变力做功用微元法、动能定理或功能关系求解；

特殊的变力如弹簧弹力做功用 F-x 图象的下围面积求解；

在额定功率下工作的机车做功用 $W=Pt$ 求解。

教师展示的知识结构完整、清晰，学生的任务就是面对不同的习题，选择对应的方法进行练习。这种做法，剥夺了学生建构、展示和评价知识结构的机会。

（二）以教师理论推导、实验演示和问题剖析为本

教师注重理论推导、实验演示和问题剖析的过程，本是一件好事，因为它能带给学生良好的示范作用。但是教学中以教师理论推导、实验演示和问题剖析作为唯一的方式，忽视学生的理论推导、实验探究和问题解决过程，教学就走向了"以教为本"这一极端。

合理的方法应该是从学生学习的角度，考虑教学中应该采用的教学方法与策略。例如，在"机械能守恒定律"的理论推导中，教师就不宜包揽各种情形下机械能守恒定律的推导工作。教师可以先做示范，推导一种或两种机械能守恒的表达式，然后让学生推导其他几种机械能守恒的表达式。学生只有亲身经历了一个理论推导的过程，

才能对其中的思维方法有较深的体会。

二、多教少学

在教学时空上，表现为"多教少学"。

（一）教师讲解实验的时间多，学生感受、体验实验的时间少

在实验探究课上，教师讲解实验时间过多，学生体验实验时间过少。例如，在"实验：探究加速度与力、质量的关系"教学中，教师详细讲解了两种方案，然后选取了其中一种作为学生实验的方案。学生动手前，教师又讲解了为什么要平衡摩擦力，怎样平衡摩擦力，如何采用控制变量的方法来进行实验，改变实验变量后要不要重新平衡摩擦力，记录哪些数据，实验数据如何处理等。待到学生动手时，已过去接近半节课。实验没完成，下课铃就响了。这样的实验探究课，根本谈不上学生对实验操作的感受和体验。

在实验复习课上，教师纸上谈兵式地进行实验复习，学生缺乏动手体验的时间。例如，用多用电表测螺丝口灯泡和卡口灯泡灯丝的电阻，复习资料上的测量图片印得并不清晰。教师拿着这样的复习资料来讲解红、黑表笔应该放在哪里测量，因学生缺少直观的感受，教师虽然多教，学生却很难学得进去。

合理的做法应该从学生角度考虑如何能够有一个真切的感受，形成清晰的表象。例如，提供一些实际的灯泡，让学生仔细观察这两种灯泡的外观结构，比较它们的异同，再用多用电表进行测量。这样，教师少教一点，学生反而能够体会其中的道理。

（二）教师讲解方法、反复操练的时间多，学生探究、解决问题的时间少

无论是物理概念、规律、实验，还是物理思想方法、问题解决，学生在特定教学内容的学习过程中都有相关的建构过程。部分教师采取一步到位的做法，把原本需要让学生自主构建，拓展完善知识结构的过程都省略了，直接把相关的方法告诉学生，接着就是让学生利用方法解题，这样做完全违背了教学中"循序渐进"的原则，使学生在对问题还未认识到位的情况下就"仓促上阵"，最后的效果让学生经常感觉自己是个失败者，无法感受学习与解决问题的乐趣。

教师喜欢讲解一种方法后，让学生反复练习，直到熟练为止。例如，在交流电的教学中，教师讲解求热量的方法是用电流的有效值，求电荷量的方法是用电流的平均值。然后，让学生通过大量的练习来加以巩固，几乎没有留给学生探究、解决问题的时间。学生解答了大量的习题，还是不知道为什么求热量不能用平均电流。这样的教学方法产生的后果是：经过一段时间，等学生遗忘得差不多了，再让学生求解热量的问题，我们会发现，很多学生看到平均电流这个条件，他们的第一感觉就是用平均电流来求热量，不再记得当时教师讲解的方法。这就是留给学生探究、解决问题的时间过少，没有使学生深度理解所造成的。

（三）教师关注"知识与技能"目标达成多，学生自主体验养成"情感、态度和

价值观"少

教师非常关注"知识与技能"目标的达成，不重视"情感、态度和价值观"的养成。关注"知识与技能"目标的达成是我国基础物理教育界的优良传统，其本身并没有错，但是缺乏"情感、态度和价值观"的关注，就难以养成学生的核心素养。

三、以教定教

在教学决策上，表现为"以教定教"。

（一）教师只根据自己的教学经验确定教学的起点

一位有一定教龄的教师在教学调研时并没有得到学生的好评，原因是这个教师教了多年高三，等到他回到高一，教学的对象发生了变化。新高一学生的知识经验同之前高一学生相比已经有所不同。有些是初中课改的原因，学生学的知识范围有所不同；有些是新一代学生接触到的新事物与原有学生相比有较大的差异。例如，有教师在执教"粒子和宇宙"一课时，播放了一则逐步放大人体皮肤的国外视频。从看到毛孔——看到皮肤的组织结构——看到细胞结构——看到染色体——看到DNA的分子结构——看到原子——看到电子云——看到原子核——看到质子、中子……全面展示了微观世界。三年前的学生看到这则视频感到很新鲜，激起了探究微观世界的学习兴趣。但三年后的学生，早已经通过微信等工具看过这则视频。教师再想用同一个视频激发他们的学习兴趣，效果就没有从前那么好了。

（二）教师只根据自己的思维方式来推动教学的进程

教师根据自己对知识的理解，在课前作了充分的准备，课堂中，把概念和规律的意义表达得十分确切，对知识间的关系作了严密的推导，对例题的求解进行了详尽的分析，并以此作为讲解思路。以教师的提问代替学生的疑问，也是一种普遍的现象。有经验的教师，由于多年的积累，掌握了较多的学生学习中存在的普遍性问题，课堂中以设问或提问的方式向学生提出学生学习中会遇到的问题，防患于未然，如此也剥夺了学生自己提出问题的机会。这种方式看上去"非常快捷"，其实是教学中的"短路故障"。教师没有关注学生的学习起点和思维方式，无法感受到学生学习的困难和障碍，没有设计好克服困难和障碍的教学策略，没有让学生的思维活动真正展开——错失了学习真正发展的机会。这种看上去"没有问题"的教学，以后学生在新的情境中会暴露出更多类似的问题。

（三）教师只根据优等生的思维结果确定教学的终点

在班级授课制下，教师必然要面对不同学生的差异。在课堂教学中如何处理学生差异呢？在平时的教学中存在着一种不为人们注意的较为普遍的做法。这种做法无意中抑制了很多学生自主探究的进行。这就是以优等生的思维代替一般学生和差生的思维。在课堂提问中，当个别学生作出了正确的回答，或者教师有意无意地让成绩好的学生回答问题，而一旦回答正确，教学就自然转入下一环节，而不管有困难的学生是否已经掌握了学习内容。当学生独立练习或进行实验操作时，教师总在寻找已经顺利完成任务的学生，一旦发现了对象，立即展示他们的成果，以此表明教学目标已经达成。教师这种处理差异的方法，使少数学生的学习成绩得到了肯定，却使多数的学生尝到了失败的滋味。

　　面对"以教为本、多教少学、以教定教"的高中物理教学现状，我们将何去何从呢？这就是本书所要解决的三大问题。

第二章　高中物理体验式教学理论与策略

第一节　高中物理体验式教学模式的理论基础

一、高中物理"体验式"教学模式的理论基础

（一）杜威的经验论

体验式学习发源于杜威的教育思想，为体验式学习提供了教育学基础。

杜威教育哲学最为核心的部分即是其对"经验"的论断。在杜威的《经验与教育》中，他认为"经验"和"实验"从属于相同的语源，因此把他的哲学称之为实验主义。杜威认为，首先"经验具有一定的连续性"，当这种连续的经验能促进儿童的正常生长时，经验就具备了教育的价值。其次，他强调经验的交互作用，认为经验是内在条件和客观条件互动的结果，教育者通过调节客观条件就可以促使儿童的内心状态发生正向的变化。经验的"连续性"和"交互作用"密不可分，如同"经"和"纬"。

在《民主主义与教育》中，杜威提出教育就是"生长""生活"和"经验的改造"。他反对教育者把现成的教材直接注入儿童的头脑，也不提倡以"糖衣炮弹"的手法诱骗儿童。杜威认为，儿童应该在活动中扩大经验的数量和提升经验的效能。他同时强调，教育的目的存在于活动之中，存在于循序渐进的经验改造过程中，因为生长和生活没有最终的目的。

为了实现"做中学"，杜威在《我们怎样思维》中提出了"五步教学法"，把思维活动分为："创设真实的情境""基于情境的课题""提出解决疑难的假设"、"在活动中验证假设"和"得到结论"。这为我们构建"体验式"教学模式提供了有益的启示，特别是"情境"和"活动"等关键要素。

杜威的思想强调了学习者个人的主观经验和主动摸索，引导教育者关注"以学生

为中心的教学"。但如果否定间接经验和系统知识的价值，便会走向另一极端。因此，"做中学"虽为改变传统灌输式物理课堂教学提供了积极意义，但更适用于低阶思维的培养，在建构"体验式"教学模式时也应关注间接经验的重要性和高阶思维的培养。

（二）皮亚杰的认知发展理论

皮亚杰的认知理论为体验式学习提供了心理学基础。

关于知识的来源，皮亚杰认为知识是被创造出来的，其过程伴随着生长与环境的相互作用。皮亚杰指出，"生理成熟""活动""社会经验"和"平衡"等四个因素的相互作用对思维的发展产生了影响。其中，"成熟"主要由遗传所决定；"活动"是指儿童通过与环境的互动进行学习；"社会经验"指学习者从社会传递中获得的知识。

皮亚杰认为，思维的变化是通过"平衡"这一过程来实现的。根据生物学的研究，皮亚杰指出人类的思维具有"组织"和"适应"两种基本倾向。人生来就有把思维内化为心理结构的倾向，皮亚杰将这些结构命名为"图示"。除了整合心理结构，人类还具有适应环境的倾向，即"同化"和"顺应"。在同化和顺应的共同作用下，个体可以消除在遇到外界刺激时产生的认知矛盾，最终使认知结构达到一种相对稳定的平衡状态。在一次又一次的平衡之中，主体的认知图示不断地被更新。

皮亚杰的观点启示我们，学习是自我建构的过程，要基于学生的思维水平进行教学。这为构建高中物理"体验式"教学模式中的"学习路径"提供了重要理论基础：基于认知心理学理论，根据学习者的学习基础、学习载体、学习方法等要素选择一定的教学策略，从而使学习者形成一系列心理与生理活动的轨迹。

（三）情境学习理论

相比认知理论强调个体心理的建构活动，情境理论则更关注个体与环境的相互作用，为体验式学习提供了社会学基础。

情境学习理论认为，通过参与实践，在与周围同伴、外界环境等的交互过程中，学习者逐步提升实践能力和社会化水平。学习的根本目的是形成参与实践的能力，为了能在实践中向团体贡献出自己的力量。

情境学习理论反对脱离真实环境的学习，强调社会团体成员之间的相互作用。新成员从"外围的""边缘的"参与开始，在借鉴老成员的经验与规范下，逐步确立自己在团体中的自我价值和身份。比如，学生在最初阶段，可以在老师的帮助下开始学习。然后，在师生、生生一起探究与交流的过程中，学生的知识、技能、体验等都获得了发展。最后，学生开始成为学习共同体中的骨干甚至"小老师"，进一步完善实践能力；在获得自我价值感的同时，通过互相帮助促进团体的共同发展。情境学习理论把教师从"权威的指导者"转变成了"良师益友"。

基于情境学习理论，高中物理"体验式"教学模式关注真实生活情境的体验，关注在问题解决中培养学生的实践能力，关注生生间、师生间的交流互动在激发主体情感体验方面的重要作用。

二、高中物理"体验式"教学模式的内涵

"学习是由经验引起的能力或倾向的相对持久的变化。"这里所指的经验不包括遗传和成熟引起的行为变化，而是指"后天的""需要通过与外界发生相互作用"而导致的变化。由此定义可以延伸出两点：第一，正是因为缺乏经验，才使得学习的发生具有了意义；第二，通过各种体验活动获得经验是学习的主要途径之一。学生不能对物理知识、方法等进行深刻的理解、运用和迁移，其主要原因在于缺乏足够丰富、深刻的体验。

这里所指的"体验"，不只是通过感官获得的生理刺激及由此引发的认知过程，还包括行为上无法表现的缄默知识的习得、物理思想方法的渗透和情感态度价值观的转变。因此，体验与学习是同时发生的。只讲知识，忽略体验，就是将认知和情感割裂开来，填鸭式的认知植入只能训练出冰冷的解题机器。

在体验式学习中，教师引导学生构建知识的横纵网络，深刻体会物理概念的和谐与简洁，逐步建立物理观念；在体验式学习中，教师引导学生关注生活、实验探究，在解决问题的过程中逐步提升学生的科学思维能力；在体验式学习中，教师引导学生经历更为丰富的认知、情感体验，弥补学生在物理学习时普遍存在的认知能力不够、感性认识不足、生活体验不广等缺陷，养成科学态度。

因此，高中物理"体验式"教学模式就是基于体验式学习理念，教师通过设立具体情境、设置有效问题、设计交流活动等方式，让学生在解决物理问题的过程中主动建构知识、发展能力、培养志趣的一种高中物理学科教学程序和策略体系。

高中物理"体验式"教学模式具有三个核心要素：第一个是"情境"，要根据当前学生已有的经验确定学习起点，创设适宜的学习情境；如果能从学生的生活经验和学习经验中找寻出有趣、有价值、有认知冲突的物理现象和问题，那么学生的自主学习就能被触发。第二个是"问题"，要设置合理的问题解决的路径，根据学生思维能力设计有难度、有梯度的问题链、任务链；如果学生能不断"偶遇"一个又一个有挑战、能挑战的问题，那么学生的自主学习就能得到持续。第三个是"交流"，要搭建起生生交流的平台；如果学生能在交流沟通中相互促进、相互激励，那么学生就能获得更多的情感体验。在高中物理"体验式"教学模式中，一位优秀的教师如同"游戏设计师"，以学科课程标准和教材为指引，让学生在引人入胜的"游戏"环境中组队迎接挑战，借助团队的力量探求新知、获得能力、体验成功。

三、高中物理"体验式"教学模式的特点

（一）过程性

传统的教学更注重书本知识的组织和传递，更强调学习的结果。通过外在的输入

式学习，学习者的确能够在较短时间内掌握大量的知识，但是较难真正领悟知识背后的思想方法和内在意蕴。前一轮新课程改革把"过程与方法"作为课程目标的重要组成部分，就是为了突出"过程"在教学中的意义。"体验式"教学模式特别关注学生的学习过程，让学习者在不断的体验、实践、反思中学会学习。通过经历问题的发现过程、规律的探究过程、知识的建构过程、情感的体验过程等，学习者探索与创造的火花被点燃，克服困难和挫折的勇气得到增长。

（二）情境性

相比于传统教学注重知识的抽象建构，"体验式"教学模式特别强调知识与生活的联系，强调情感与态度的生成。体验作为一种认知方式，将亲身经历与内心感受联系在一起，总是发生于某种情境之中。学习情境越贴近学习者的原有生活经验和学习经历，学习的体验越独特和真实，越能引发深刻的体验，甚至达到高峰体验。体验学习的情境，可以是真实的，也可以是虚拟的，可以是直接的感官体验，也可以是间接的思维抽象。通过设置不同取向的学习环境，将客观知识"活化"，为学习者将新的学习材料纳入已有的知识系统提供便利条件，实现个性化的学习。从简单情境逐步过渡到复杂情境的过程中，学习者不断发现问题和解决问题，能力和智慧得到快速发展。

（三）实践性

实践出真知。"体验式"教学模式强调在实践中学习，在"做中学"，倡导学生在主动参与和亲身实践中培养其获取新知、解决问题、交流合作的能力。只有亲身实践，才能触动人的心灵，才能提升情感、领悟意义、发展素养。中学阶段，学生已经具备较强的动手能力，实践更多体现在解决大量具体到抽象、封闭到开放的问题中。结构良好的问题有助于知识逻辑的建立，而开放性问题有助于知识方法的拓展迁移，进而培养学习者解决复杂问题、实际问题的能力。正是在解决问题的过程中，学习者不断进行自我与外部环境的双向构建，最终达到知行合一的境界。

四、高中物理"体验式"教学模式的实施原则

（一）学生主体原则

学生是体验的主体，教学必须紧紧围绕学生已有的经验和兴趣，才能让学生主动参与其中、激发出学习的内驱力。相反，如果教师过于追求教学进度和难度，超越了学生当前认知体验和情感体验能够到达的高度，学习将陷入停滞，能力也得不到快速发展。在"体验式"教学模式中，教师的主导作用体现在把学科逻辑转化为学习逻辑，通过设计一系列的任务帮助学生完成知识、方法、情感的生长。

"体验式"教学模式强调以学生为中心，并不是简单地把时间交给学生，而是更多地引领学生开展自主学习。对学生而言，学习是从无序开始，其主动学习能力处于

动态发展变化中。让缺乏自我调控能力的学生自主探究，必然导致学习效率低下。因此，在低层次体验学习中教师是具体活动的主导者，在高层次体验学习中教师是具体活动的辅助者。

（二）生活情境原则

学习是在特定的情境下构建知识意义的过程。学习情境包含真实情境和心理情境，其作用是激发学习者的学习欲望，把认知与情感活动紧密地结合在一起。知识源自真实的生活，物理源自对自然现象的好奇。创设生活化的情境有利于学生迅速建立起个人经历与学习材料之间的联系，从而赋予学习更多的实际意义。新奇的、充满挑战性的情境，能不断激励学生翻越思维障碍，为学生的创新能力和刻苦精神的成长提供肥沃的土壤。

在"体验式"教学模式中，情境的创设不只是简单地呈现生活中的现象，更不是播放一段段视频来吸引眼球，其内容的选择要与学习活动紧密相关。熟知的情景，不需要呈现；不能有效促进学习的情景，不必要呈现；脱离学习目标的情景，不可以呈现。情境的意义在于，引导学生从现象中愤启悱发，生成探求新知的心理需求，为主动提出问题、解决问题提供内驱力。

（三）问题解决原则

实践是认识的源泉，解决问题是人类获取知识的基本途径之一。教师根据学情和教学目标，通过设置一个个问题和任务，为学生的学习活动领路。在解决问题的过程中，学生从已有的经验出发，调用知识，寻找规律，动手实验，构建策略。从定性到定量，从简单到复杂，从封闭到开放，学生在解决问题中亲历探究和实践的过程，逐步体会认知的循环上升，不断开阔眼界和思维。

在"体验式"教学模式中，教师通过具体情境的创设，鼓励学生主动发现问题和准确表述问题，通过理论推演、实验探究、合作学习等方式逐步攻坚克难，最终掌握解决问题的一般策略，从而获得知识能力的提升和情感态度的升华。通过自主思考和集体智慧的交互来提出问题、解决问题，学生获得了更多表达困惑和交流观点的机会。在不断的质疑、争论和坚持中，学生逐步领悟到证据意识和创新精神的重要性，有利于健全人格的培养。

（四）方法多元原则

教学方法是教师引导学生开展学习活动的手段。常见的教学方法包括讲授法、探究法、实验法等等。所谓"教学有法，教无定法"，各种教学方法都有各自的优缺点，教师应根据学生学习的具体情况和学习任务的难易程度，灵活选择最优的教学方法。不管是传统的还是当前流行的教学方法，其选择的依据主要看是否有效地促进了学生的自主学习。

在"体验式"教学模式中，探究式教学方法有助于学生主动发现问题和提出问题，在其探索发现物理规律的过程中，培养其解决实际问题的能力，发展其认识自然的好奇心和求知欲。但限于教学时间和空间限制，并不是每个环节都需要学生动手探究。面对探究能力不足的学生或者学生已有充分生活体验的物理现象和问题，教师通过连贯、系统、简洁地讲解、提问及组织学生讨论等方式，可以更高效地完成信息传递。同样，"体验式"教学模式不排斥习题在课堂中的运用。结构良好的物理问题有助于物理概念的理解和物理规律的应用，开放性的物理问题有助于强化学生的建模能力和运用数学工具的能力。

五、高中物理"体验式"教学模式的实施流程

根据泰勒在《课程与教学的基本原理》中提出的四个问题，课程可分为"目标、内容、实施、评价"四个方面。然而，要把课程的设计意图转化为学生的实际学习效能，还需要教师根据学习主体的实际情况，依据学习和教学理论，对教学目标和内容、教学活动、教学方法等进行统筹设计和安排。

高中物理"体验式"教学模式强调学习是持续的经验改造的过程。如果把学习比作"寻路"，那么学习的过程就是一段"旅程"，教师的作用类似于"高德导航"——帮助学生锁定终点目标，寻找出相对便捷的路径，实时修正轨道偏离，最终到达目的地并给出相关评价。而学生作为"寻路"的主体，在教材和教师的辅助下主动前行，收获"一路的风景"。因此，高中物理"体验式"教学模式的实施流程可分为"设定学习目标——导航学习路径——评价学习效果"三个阶段，共九个步骤。

需要说明的是，高中物理"体验式"教学模式实施流程中"九个步骤"的本质是教学设计和教学实施的九个方面，而不是学生体验式学习的开展过程。其执行过程并不是线性的，而是多次的、反复的循环过程。该实施流程的行为主体虽是教师，但最终目标是促进学生的体验式学习。在该实施流程的指引下，教师根据课程目标和学情，创设学习情境，设计学生的学习路径和活动顺序，用问题引导学生开展对话交流、合作探究，并对学生的习得程度进行评价。

(一) 设定学习目标

学习目标是教师希望学习者通过学习活动所能达成的预期结果。对教师来说，学习目标的准确定位，有助于其合理处理教学内容，确定当前学生可能出现的重点和难点，从而为教学方法和策略的选择提供指引。对学生来说，清晰、合理、具体的学习目标有助于其从整体上把握努力的方向，保持良好的注意力和学习动力。

"体验式"教学模式强调"学生是学习的主体"，并不是放任学生盲目进行学习体验活动，教师的主导作用须在学习开始前就得到充分的发挥。学习目标的设定过程，需要教师综合考虑课程、教材、学情，从学科逻辑和学生的认知逻辑出发，最终确定符合学生实际的、可达成的预期结果，为下阶段"学习路径"的设计做好准备。

具体可从以下三个步骤来进行。

（1）分解课程目标

《普通高中物理课程标准》明确了高中物理课程的目标、内容等，是教师实施教学的指导性文件。课程目标是总的指导原则，需要教师进一步根据学生情况，逐步细化为单元目标和课时目标。最终的教学设计虽以"课时"为单位，但只有学生实际达成当前课时目标时，才能转换至下一课时目标。同时，教师还应关注不同层级学生的发展要求，兼顾课时目标的基础性与拓展性。

（2）分析学习主体

学生的学习体验是连贯的、处于不断发展中的，因此学习目标的设定须基于当前学生的学习状态。对于当前学生在学习过程中可能遇到的困难及反应，教师如果只凭借主观经验进行判断，难免会陷入课堂互动遇冷的尴尬。因此，学情分析是教师设定学习目标的重要依据，也是教师充分了解学生认知基础和情感经验的手段。

（3）陈述学习目标

当课程目标指明了体验的终点，学情分析标明了体验的起点，教师需要进一步明确体验的过程性目标，最终准确表述出完整的学习目标。为了避免教师在教学中将教学目标与知识目标简单等同，2003版高中物理课程标准将教学目标分为结果性目标和体验性目标。其中"过程"和"情感态度价值观"的凸显，体现了课程设计者已将体验学习的过程纳入学习目标的要求。然而，一线教师经常按三维教学目标进行表述，而这一做法破坏了学习过程的整体性。

高中物理"体验式"教学模式中关于学习目标的陈述，应考虑以下几点：第一，学习目标的行为主体是学生，学习目标的陈述应指向学生；第二，学习目标的表述应结合具体学习内容和学习活动的设计，充分体现学习的过程，兼顾预设和生成；第三，行为动词要注意区分能力水平，要与学习内容、学生情况相匹配，兼顾共性与个性。

因此，高中物理"体验式"教学模式将学习目标分为"认知性目标""技能性目标"和"体验性目标"三大类，学习目标表述的具体操作如下：

第一层次，以布鲁姆等人的教育目标分类理论为指导，将目标分解为认知、情感、动作技能三大领域。教师可基于课程目标分析，将学习目标分为"认知性目标""技能性目标"和"体验性目标"三大类。"认知性目标"主要指向陈述性知识的习得，"技能性目标"主要指向程序性知识的习得，而"体验性目标"主要指向相对内隐的情感态度的发展变化。"认知性目标""技能性目标"和"体验性目标"的分类，须根据课程标准要求体现国家课程的意志，避免教师设定学习目标的随意性。

第二层次，将三大类中的具体目标，根据学情分析的结果，再细分为"基础性目标"和"拓展性目标"。"基础性目标"指教师希望大多数学生能达到的学习目标，比如相关学习评价的通过率应达到90%以上；"拓展性目标"指教师希望尖优学生能达到的学习目标，比如相关学习评价的通过率在50%以上。这里的"基础性"和"拓展性"

目标分类，重在体现学习的主体性和层次性，两者没有明确的界限，教师可根据教学实际进行动态调整。

第三层次，将每一小项具体目标，按"过程量"加"状态量"的形式进行表述。这里的"过程量"是对本阶段学习体验所经历的过程的描述，而"状态量"是对本阶段学生习得水平最终状态的描述。如，"学生通过观察牛顿管实验，90%以上学生能说出自由落体运动的条件"。对于较难观察和测量的心理状态目标，教师应避免使用"了解"、"掌握"等笼统、抽象的行为动词，可转化为"说出""举例""评价"等方便观察、检验的行为动词。

（二）导航学习路径

要引导学生进入体验式学习，除了关注学习目标，还应关注学习的过程和环境等要素，也就是为学生设计合理的学习路径。对学生而言，学习路径就是其在外界的环境刺激和干预调节中，从已有的认知平衡状态出发，不断地使其认知图示发生同化或顺应，完成"经验的改造"过程。对教师而言，学习路径导航就是基于学生已有的知识经验，通过创设学习环境、构建问题解决、增强师生互动等教学策略，促进学生身心发展的过程。

在高中物理"体验式"教学模式中，学习路径导航包括教学实施前"宏观方向的规划"和教学实施中"微观路径的变更"。由于教学实施过程中的不可控因素较多，"微观路径的变更"更多依赖教师的经验积累来实现对学情的及时捕捉、反馈。因此，这里主要讨论学习路径的"宏观方向的规划"，具体教师可以从情境、问题、交流三个环节着手。

在"导航学习路径"中，首先是"以情境引问题"，情境是"吸引力"，决定学习能否开始；其次是"以问题导探究"，问题是"推进力"，决定学习能否持续；最后是"以交流促体验"，交流是"提升力"，决定学习能否升华情感。在具体的教学实施中，这三部分不是独立的，而是相互依存、相互融合的，可以是一节课的三个阶段，也可以是"情境1——问题1——交流1——情境2——问题2——交流2……"的阶段循环。

（1）创设学习情境

情境是认知活动的基础。学习情境是"情"与"境"的统一，指的是能使学习者产生一定情感反应的教学环境。新的情境往往能引发学习者的认知冲突，当新现象、新问题无法用已有的经验和认知结构去理解或解释时，就能激发起学习者心理状态的变化。因此，创设良好的学习情境能有效点燃学习火花，是学习路径导航的启动器。

在高中物理"体验式"教学模式中，教师围绕学习目标营造生动、真实、有趣、适宜的物理学习环境，以引导学生积极参与认知与情感的体验，从而主动建构知识、升华情感。高中物理"体验式"教学模式的情境创设，强调学习环境与学生生活的联系。教师通过挖掘熟悉情景，创设真实、新奇的情境，让学生经历感官刺激，在内外结合的引导中促进学生的体验式学习。

一方面，学生的生活经验往往只停留在表层的物理现象上，学生缺乏对深层次现象和事物本质属性的体验。比如学习物理概念时，某些前概念会阻碍新的物理概念的同化过程。物理教师需要搞清楚学生在进课堂前已经具备了哪些生活经验，通过进一步纯化条件，将深层次物理现象暴露给学生，从而挖掘出物理表象背后的事物本质。比如，可以从前概念的认知冲突入手，引导学生在熟悉的情景中经历不同寻常的物理过程。

另一方面，受限于生活环境和成长经历，学生对很多物理现象缺乏体验或体验不充分。这时，强行给出结论只能促使学生进行简单记忆，过目即忘且不会应用。教师可以从学生的需要出发，通过多媒体、实验等途径，超越时空的限制，提供更多的直接或间接的感官刺激，扩展物理学习情境的来源。

（2）引导问题探究

所谓问题，就是当学习者从已知情境转向未知情境时生发的心理障碍。问题解决的过程，就是学习者从已知情境出发，利用某种方法和策略，最终达到目标状态的情境的过程。体验式学习的过程，是一条从易到难、循序渐进的"学习路径"。鲜活的学习情境触发了学习的初体验，但学习体验活动要能维持并深入，就需要由浅入深的问题引领，引导学生主动参与探究实践、解决问题。因此在这条"学习路径"中，教师主要通过不断引发问题引导学习方向，而学生通过解决问题体验新知、拓展能力。

在问题解决的过程中，学习者积极调用已有的经验，充分发挥创造性和主观能动性，在不断克服困难中达成目标。高中物理"体验式"教学模式将问题作为贯穿课堂始终的主线，试图让学生在发现问题、分析问题、解决问题的过程中，经历理论或者实验的探究过程，主动地从教师、同伴、教材上获取相关知识，展开积极的、深度的思维活动，提升批判和创新能力。

高中物理"体验式"教学模式下的问题探究，不只是解决一个又一个简单的、低关联的问题；而是强调围绕某一主题，在解决一系列有层次、有深度问题的过程中，进行知识、方法、情感的体验探究学习。教师应基于生活化的情境，通过巧妙设计相关学习主题，引导学生在挑战一个又一个学习任务过程中真正体验到学习的意义。在探究过程中，学生将会经历遭遇困难、选择方法、克服困难、获得成功等情感体验，从而使其始终保持较高的思维强度和活跃度，最终使得知识的传授、思想方法的渗透、情感的转变在潜移默化中得到实现。

（3）促进交流互动

在课堂教学形式下，学习不只是单独的建构，还有团体成员相互影响下的学习共同体建构。在高中物理"体验式"教学模式中，教师不仅仅是知识的传授者，更是学生学习的促进者和组织者。师生们在"学习路径"中结伴前行，除了师生间的交流，学生与学生间的交流也是促进知识和情感共同发展的重要方式。

在生生交流中，学生能充分表达出解决问题中遇到的疑难，为进一步推进学习路径的延伸提供实时的反馈；在生生交流中，学生能对他人的观点进行补充和质疑，充分发展批判性思维和创新能力；在生生交流中，学生能更多感受到外界对自己的肯定和激励，为继续积极投身学习活动创造更多的正向推动力；在生生交流中，学生能不断开阔思维的视野，不仅能找到多种解决问题的方式，还能生发出更多的新问题。

高中物理"体验式"教学模式提倡通过师生交流、生生交流升华学习体验。然而交流不应是强迫进行的，而应是学生自愿、自发的。通过语言、神态、动作等多种交流方式，当师生的情感交流真正达到共鸣状态时，学生就能获得兴奋、惊讶、满足等"高峰体验"。

要让学生产生交流的欲望，首先教师应积极创造平等、和谐的课堂学习氛围。真正让学生拥有课堂的话语权和言论自由，意味着教师更多地尊重学生和信任学生。其次，教师应积极设置富有挑战性、开放性的问题，激起学生强烈的探索欲望。当学生遇到困难、情绪低落时，教师及时的鼓励和指点则能让学生体验到收获新知带来的满足感、畅快感。最后，教师应注重学生的表达能力的培养，丰富交流形式，给学生更多表达真情实感的机会。

（三）　评价学习效果

学习评价是指用于检验学习过程、学习结果等是否达到预期学习目标的一系列手段。通过合理、及时的学习评价，教师能够检验学生是否抵达学习的目标终点，并进一步反思如何让更多学生抵达终点。高中物理"体验式"教学模式的学习评价，具体可按如下三个方面进行操作。

（1）明确评价内容

学习评价应遵循教育规律，全面、科学地对学习效果进行评价。首要明确的是，学习评价的主体是学生，因此评价的内容必须紧紧围绕学生在体验学习过程中认知结构和情感态度方面的发展变化。学习评价的内容，既包括较为显性的记忆、思维等智力因素，又包含相对隐形的兴趣、情感等非智力因素的评价。

高中物理"体验式"教学模式的学习评价强调与学习目标相对应，可以从认知、技能、情感体验几个维度来考察。关于认知的评价，主要考查学生对物理基本概念和基本规律的记忆、理解、掌握程度，其表现为能对相关知识点进行描述、辨别、联系和简单运用。关于技能的评价，主要考察物理实验的基本操作和物理思想方法的领悟。关于情感的评价相对困难，因为学生的内在体验有时无法通过外显的行为表现出来，并且学习体验与学习过程是密不可分的。对此，教师的评价过程也应该是内隐的、动态的。

（2）选择评价方式

学习评价的方式多种多样，教师应根据评价内容的主要关注点灵活选择。从评价参与者的角度进行分类，学习评价包括学生对学生评价、教师对学生评价、学生对自己评价等；从评价的精确性和整体性进行分类，学习评价包括定量评价和质性评价；

从评价的时间点进行分类，学习评价包括课内的过程性评价和课后的阶段性评价。

高中物理"体验式"教学模式关注学生评价过程性和结果性相结合，既重视学生学习过程中的能力发展，又注重学生动手制作的能力培养，让学生的科学素养和科学兴趣同步发展。根据物理学科的特点，对学生的评价，要从课堂上学习延伸到课后的学习活动，从物理知识的理解到物理知识的应用，从理论知识的掌握到操作技能的提高，全面考查学生学习的成果和能力。

（3）改进教学设计

从学生的角度看，学习评价的目的不是为了筛选学生，而是为了实现正向激励，进一步提高学生的自信心，促进其自主学习；从教师的角度看，学习评价的意义在于不断改进教学。因此，从某种意义上说，"体验式"教学模式同样是教师自己开展体验式学习的过程。

高中物理"体验式"教学模式要求教师更多关注课堂生成的"兴奋点"和"僵持点"。教师可以借助录音、录像等手段，及时捕捉课堂中学生思维的高光时刻，通过分析当时学生的语言、神情、动作、情绪状态等找到促进学习体验的有效方法，并逐步凝练成教学策略。教师更要积极反思学习过程中出现的困难、意外，深入思考情境创设是否引人入胜、问题解决是否参与度高、交流互动是否积极有效等问题，并通过撰写课例、叙事、论文等方式不断优化教学设计。

（4）高中物理"体验式"教学模式的教学实践

高中物理"体验式"教学模式，主要是基于体验式学习理念和笔者的教学经验提出的，是在高中物理学科中引导学生开展体验式学习的一次积极尝试。由于缺少可供借鉴的经验，该教学模式的实践过程本身也体现了体验式学习的内涵和特点。经过为期一年多的教学实践，高中物理"体验式"教学模式的理论模型得到了较为充分的运用，并在实践中不断改进与完善。

第二节　实践计划

一、实践的目标和问题

本次教学实践的目标是，尝试在高中物理教学中运用"体验式"教学模式，在教学实践的过程中完善"体验式"教学模式的各个流程，并初步检验该教学模式是否有效促进了学生的体验式学习活动，检验该教学模式是否在培养学生主动建构知识、发展能力、培养志趣等方面起到了积极的推动作用。

（一）与目标相对应的问题有：

第一，明确教学实践的对象，检验实验班和对照班在物理学习方面的差异情况。

第二，对高中物理"体验式"教学模式实施流程中的重要步骤，分模块进行初步探索并总结经验。

第三，依据高中物理"体验式"教学模式，对概念课、规律课和实验课等课型进行整体性的教学设计。

第四，检验实验班和对照班学生在知识掌握、能力培养及情感态度方面的变化情况，明确高中物理"体验式"教学模式的适用情况和有效性。

（二）实践的对象

本次研究是在 Z 省 H 市 Y 高中进行的。该校在 H 市 Y 区内的十所普通高级中学中排名第三位。该校学生的总体学习能力层次居于全区中等水平，具有一定的代表性。为保证教学起点的一致性，本次实践对象确定为高一年级。其中，高一（9）班作为实验班，高一（10）班作为对照班。这两个班在高一入学时各科均分、男女比例、任课教师配置、学习环境等方面差异较小。

（三）实践的步骤

本次教学实践为期一年，大致分四个阶段：

第一阶段，在高一入学初期，对两个班的物理学习情况进行问卷调查，检验两个班的物理学习习惯、学习兴趣等是否在相近水平。

第二阶段，高一开学到第一学期期中考试，对"情境创设"、"问题探究"、"交流互动"等环节进行教学探索，形成一定策略体系。

第三阶段，高一第一学期期中考试到第二学期期中考试，对实验班的物理概念课、规律课、实验课等按照高中物理"体验式"教学模式进行授课，对照班的物理课则由同一任课老师以常规方法进行授课。授课范围为人教版必修1和必修2。

第四阶段，高一第二学期期中考试到高一结束前，对两个班的全体学生进行纸笔检测，对个别师生进行访谈，对高中物理"体验式"教学模式的实施效果进行评价。

二、调查分析

高一课程开始阶段，以问卷调查的形式，对实验班和对照班的物理学习现状进行了调查。其中实验班高一（9）班发放问卷48份，回收48份，有效率100%；对照班高一（10）班发放问卷49份，回收49份，有效率100%。通过检验两个班的学习兴趣等情况是否相近，从而确定能否将这两个班作为研究对象。最终调查数据汇总在表2-1中。

表2-1物理学习现状调查数据汇总

问题		选项	选择率/%	选择率/%
一、兴趣和动机	1.你觉得物理有趣吗？	A. 非常有趣	14.6	16.3
		B. 一般	58.3	59.2
		C. 有点枯燥	27.1	24.5

		A. 考试的压力	58.3	61.2
	2. 你学习物理是为了什么？	B. 物理很有用	33.3	30.6
		C. 父母的要求	8.3	8.2
	3. 你希望在物理上达到什么程度？	A. 考试能过就行	66.6	67.3
		B. 能解决生活中问题	27.1	24.5
		C. 今后搞物理研究	6.3	8.2
二、状况与信心	4. 你学习初中物理（科学）时感觉如何？	A. 非常轻松	12.5	10.2
		B. 能够跟上	31.2	30.6
		C. 有困难	56.3	59.2
	5. 你觉得自己的初中物理（科学）考试成绩怎么样？	A. 很不错	20.8	20.4
		B. 一般	31.3	30.6
		C. 不太行	47.9	49.0

横向比较两个班的数据可以得出，实验班与对照班在物理学科学习兴趣、学习习惯及学习期望等方面，不存在较大差异，可以作为研究对象。

另外，从问卷的问题1、问题2和问题3可以看出，两个班在物理学习兴趣方面不够理想，学习主动性不强，有超过六成的学生把考试作为学习物理课程的主要目的。由此可见，增强学生学习物理的兴趣和动力，培养学生主动学习物理的能力和习惯，是教师值得关注问题。令人欣喜的是，有近三分之一的学生认为物理很有用，说明学生较为认同物理学科的育人价值和实用价值，对高中物理课程抱有期待。

从问题4、问题5和问题6可以看出，两个班的学生对学习物理存在一定的心理障碍，超过一半的学生在学习初中物理（科学）时感到困难，近半数学生对自己的初中物理（科学）成绩不够满意，但绝大部分学生（超过90%）对学好高中物理充满信心。可见，高中物理"体验式"教学模式关注学生在学习中的获得感和成就感，强调学生能在学习中感受到积极的学习体验，具有较强的现实意义。

从问题7、问题8和问题9可以看出，半数的学生希望老师"讲解清晰"，从而帮助自己应对考试，有六成以上的学生倾向于"多听老师讲"。可见，学生在义务教育阶段的科学课程学习中，习惯于传统的听讲式的课堂教学模式。同时，有超过50%的学生认为教师"经常做实验或组织活动"有利于自己的物理学习。以上这些表明，基于情境的问题引导和实验探究等教学方式是促进物理学习的有效方式，而这些正是传统物理课堂的欠缺之处。

三、第一轮实践

第一轮实践关注高中物理"体验式"教学模式实施流程的几个主要环节。经过三个月左右的探索，笔者在进行文献研究的同时，通过备课组集体备课、备课组成员间听评课、撰写教学案例和课后反思等方式，逐步积累起"体验式"教学模式的经验和问题，进而总结出几个重要环节的实施策略。

（一）"设定学习目标"的策略

关于课程目标的分析，教师应着重考虑以下几个问题：第一，研读课程标准和教材，理清课程开发者、教材编写者的设计意图和逻辑结构，将一个学段大致划分为几个单元；第二，根据课程标准的相关要求以及当前学生的学习能力，初步预设每个单元的具体学习内容和希望学生达到的体验层次；第三，关注学习的过程性目标，以学生已有学习体验为起点，以单元目标为终点，确定课时数量和课时目标；第四，根据学生的实际习得情况，及时调整课时目标。

关于学情，教师应关注以下几点：第一，了解学生的物理知识储备情况及生活中的"前概念"；第二，了解学生运用数理思维解决物理问题的能力水平；第三，了解学生物理探究能力的高低和相关探究经历；第四，了解学生对待物理课程的学习态度和学习习惯；第五，对课堂和作业中反映的共性和个性问题进行整理、分类、归因。

关于学习目标的陈述，教师要注意以下几个方面：第一，学习目标虽然直接指向学习结果，但班级内学生个体的学习结果是不可控的，学习目标的设定只能是教师对多数学生学习结果达成的理想预期，因此学习目标是处于动态发展中的；第二，目标分类法对缄默知识的覆盖不足，同时"知识、技能、体验"三方面相互融合、不可完全分割，因此教师在流变的教学实践中需要做些补偿；第三，学习目标的设定与学习路径规划、学习效果评价密不可分，三者之间是相互制约、相互促进的关系。

（二）"创设学习情境"的策略

关于具体学习情境的创设，教师可以从学生已有的生活经验出发，围绕学习目标合理选取相关资源，以多媒体素材、趣味小实验、自制教具、例题、游戏、故事、生活中的物理现象等形式呈现，力求有针对性、启发性和一定的挑战性。

具体如案例1所示：

【案例1】高中物理"体验式"教学模式下创设学习情境的方法示例

1. 把生活物品引入课堂

在讨论形变与弹力的产生时，请一个学生坐在瑜伽球上。瑜伽球体积较大且形变非常明显，很好地体现了球给人的弹力的产生过程。然后请学生思考，人给球的弹力是如何产生的。因为人体的形变不明显，学生在这里遇到了认知困难，此时可以将另一个瑜伽球叠加上去，并压上重物替代人体。学生通过观察两个球的形变，进而认识到人体也应该有形变。然后自然过渡到下一个环节，演示微小形变。

2. 镜头中的物理

现在的学生大都能上网，大量接触各类照片、视频。但他们获取的信息很多是无序的、随机的、无意义的。如果教师在平时能注重积累，将一些新奇的图片、电影片段进行收集或自己拍摄相关素材，并运用在相关教学环节中，往往能起到很好的教学效果。

例如，《加勒比海盗5》中有一段杰克斯派洛船长利用缆绳，快速机动地将黑珍珠号航行的方向调转了180°。教师可以让学生分析船转弯过程的受力情况，并进一步研究绳子拉力、转弯半径、船的质量、船的线速度之间的关系。

再如，利用Gopro等微型摄像机拍摄不同参考系情景下的运动情况。将Gopro放在能自由旋转的水平圆平台上，缓慢增大平台旋转的角速度，从而记录下摄像机刚好发生相对滑动时的情景。或将Gopro与装满水且在侧面打孔的水瓶一起自由下落，记录下水瓶在自由落体过程中水的完全失重状态。

再如，以前讲力的分解，把重难点都放在画平行四边形上，但仍有很多学生不会作图。究其原因，是学生缺乏力的等效替代的真实体验。比如斜着拉的一个力，可以等效为水平、竖直的两个力，学生并没有真正的体验。于是，笔者设计了一个模拟实验。

将小木块静置于电子秤上，观察读数，得到小木块的重量。水平向右拉小物块，小物块向右运动起来，读数几乎不变；竖直向上拉动小物块，读数逐渐减少至零后，小物块离开接触面。请学生猜想，如果用一个斜向右上的力去拉小物块，会产生什么效果。

通过实验可以明显感受到，斜向上的拉力不仅使小物块向右运动起来，还使得接触面间的弹力减小。学生很容易就体验到，斜向上的拉力在水平、竖直方向上产生的两个作用效果。

3. 体感实验

在《力的分解》这节中，为了更好体验斜面上物体所受重力产生的两个作用效果，可以让学生在手掌上放一本较厚重的字典。逐渐增大手掌的倾斜程度，让学生感受摩擦力和弹力的变化。

还有关于分力大小与夹角的关系，可以让学生通过引体向上的不同姿势来体验。将教师的亲身示范拍成照片，给学生强烈的幽默感和亲切感。鉴于空间限制，该活动无法在教室进行，教学时可以用一根橡皮筋拉一个小物块。通过观察橡皮筋的长度，从短到长到将近拉断，学生能够强烈感受到力的变化，间接感受手臂上拉力的变化。用弹簧秤做这个实验，虽然能定量，但不如橡皮筋更能给学生以感官冲击。

值得注意的是，学习情境的创设不只是用有趣的情景简单"诱骗"学生进入学习预备状态，其更重要的作用是促使学生从各种外在表象中生发问题，进而引发深层次的思维过程，促进有意义学习的发生。良好的学习情境往往"小而精"，甚至整堂课只围绕同一个学习情境，这样不仅有利于学生迅速聚焦于某个浅层次问题，还能在教师的层层引导下发掘出更多的深层次问题，从而为下一步"引导问题探究"提供统一的、连续的学习环境。

（三）"引导问题探究"的策略

关于问题的设计，途径多种多样：第一，教师可以把相关知识点在生活中的应用转化为需要学生解决的学习任务，然后引导学生通过逐步分解大问题，最终形成解决问题的完整思路；第二，教师可以把原本教师的活动转化为学生的活动，比如，把部分演示实验转化为学生实验、把简单内容的教师讲授转化为学生自主探疑；第三，教师可以把答案唯一的封闭性习题转化为答案多样的开放性问题，让学生在争论中寻找真相。

关于问题探究的过程，教学方式多种多样：对于学生问题解决中缺乏的关键知识和方法，教师可采取简单自学加重点讲授的方式；对于学生问题解决中必须经历的关键环节，教师可以引导学生设计实验进行探究，也可以通过有梯度的习题引导学生进行逻辑演算；对于学生问题解决中出现的典型问题和错误，教师可以组织学生进行讨论和争辩。

具体如案例2所示：

【案例2】"质点"概念的学习

常规做法是，通过举例归纳出"质点"概念，提出理想化的方法，然后进行习题的训练。但总有学生无法区分主要因素和次要因素，甚至觉得理想化的结果都是想象出来的、不存在的。

换一种思路，在给出"质点"的定义前，提出如下两个问题：

问题1：请根据下列有关太阳、地球的数据（具体数据略），用简笔画分别表现地球的公转与自转。

问题2：全长约1318km，和谐号动车长约200m，平均时速约252km/h；①估算列车从北京到上海的运行时间；②和谐号中途经过秦淮河隧道（全长约400m），估算其穿越隧道的时间。

然后教师进一步提问：问题1中，同一个地球，为什么表现其公转时，要把地球画得小一点儿，甚至是一个点都可以，但表现地球自转时，却不行？问题2中，为什么第一问不用考虑列车的长度？

通过这些问题的思考，虽然学生还未明确"质点"这个概念，但学生已经深刻体会到，物体的大小形状，会对问题的研究造成不同程度的影响，使最终的结论产生不同程度的误差，而且这些影响、误差在研究不同的问题时，并不一样。

这时，教师再给出"质点"的概念，学生就能体会到引入"质点"概念，是为了使解决问题更简单、方便。还可以让学生思考，汽车遇到限宽门、限高杆时，大小形状能不能忽略，在解决实际问题的过程中，获得更多的体验。

（四）"促进交流互动"的策略

在高中物理"体验式"教学模式中，教师可以通过以下方式促进生生交流：第一，尽可能按"组内异质性、组间同质性"原则合理分组，提前引导学生完成组内的具体分工；第二，各组在组长引导下，围绕教师确定的中心问题充分开展组内交流，做好各项记录；第三，以各组代表发言、成果展示等方式组织学生进行组间交流，对学生的突出表现予以及时的肯定；第四，教师帮助学生进行阶段总结，对学习成果进行比较、分析，鼓励学生提出新的问题。

具体如案例3所示：

【案例3】第一宇宙速度教学片段

关于宇宙航天事业，虽然大部分学生从媒体上了解过一些的知识，但对卫星发射与变轨的细节很陌生。如果平铺直叙地把变轨过程讲出来，学生的思维得不到锻炼，更体验不到航天事业的艰难和激动人心。本次教学，通过创设符合中学生认知水平的情景，让学生在相互交流讨论中经历设计人造卫星轨道变更的过程，把开普勒定律、牛顿第二定律、圆周运动、能量守恒、环绕模型等知识综合运用起来，逐步加深了对第一宇宙速度的理解和认识。由于问题的设置具有一定的挑战性和开放性，在讨论过程中容易引发学生认知冲突，使得学生学习热情大大增加，更使得学生对发展航天事业的艰难有了初步的体会。

师：根据牛顿的设想和计算，卫星要达到7.9km/s才能贴地环绕地球飞行而不掉下来。那如何把卫星发射到更高轨道呢？

生1：增大发射速度。

生2：那么，7.9km/s到底是发射人造卫星的最大速度还是最小速度？

生3：我觉得是最大发射速度。

师：增大发射速度后轨道成了椭圆，卫星飞行的线速度大小还保持不变吗？

生4：从开普勒第二定律可以知道，卫星在近地点时速度更大，在远地点时速度更小。

师：怎样才能使卫星保持在更高的圆轨道运行？

生1：先发射到较低圆轨道，加速后进入椭圆轨道，然后在椭圆轨道远地点再次加速！

生2：那么，卫星在高轨道的线速度大小比7.9km/s大还是小呢？

生1：既然经历了两次加速，当然是比7.9km/s大！

生3：根据环绕模型，轨道高的卫星线速度小，应该小于7.9km/s。

生2：问题到底出在哪？

生1：不知道。

师：卫星变轨过程中，第一次加速到第二次加速之间，卫星做什么运动？

生1：减速！

师：能否从能量的角度分析一下卫星的运动？

生5：第一次卫星加速后，随着高度增大，动能逐步转化为势能，到达远地点的时候速度已经比低轨道小了。即使完成了第二次加速后，卫星的线速度大小还是小于7.9km/s。

生2：从能量转化角度看，7.9km/s是卫星发射时的最小速度；而从环绕模型看，7.9km/s就是环绕时的最大速度！

师：那如果要从较高的圆轨道变到较低的圆轨道，该怎么办呢？

生3：两次减速。

生2：原来发射一颗卫星这么难啊！

（五）"评价学习效果"的策略

深化课程改革倡导评价方式的多样化，教师可以尝试诸如笔试、调查报告、课题研究、实验制作、网络发布、影像记录等方式评价学生，积极探索更多的兼具科学性、简便性和创新性的评价方式。比如，将学生的作品（包括小论文、实验制作、过程照片等）通过学校橱窗、宣传栏等进行展示，能有效激励学生学习物理的自信心，形成活泼、生动、开放的教育氛围。

具体如案例4所示：

【案例4】户外物理编题大赛

物理习题和物理考试总是给学生抽象、高高在上的感觉。近年的物理习题对建模的要求也越来越高。由于缺乏较多真实的生活体验，学生往往无法从具体的物理情境中建立物理模型。通过开展"户外物理编题大赛"，学生可以在操场上选择自己感兴趣的运动，编成一道物理习题，然后相互解题。在编题和解题过程中，学生会发现很多科学性的问题。这样的一个题目其思维容量大大超越了一般习题，使得学生在不知不觉中提升了解题能力。这类评价方式，不仅促进了师生间的深度交流，也大大提升了学生学习物理的兴趣。

四、第二轮实践

"教学有模，但无定模"。高中物理"体验式"教学模式并非一种固定不变的模式，教师应从教学实际出发，灵活运用教学模式。第二轮教学实践，针对概念课、规律课、实验课等常见课型，笔者利用各级各类公开课、展示课、送教课等机会，尝试选取一些典型课例进行基于高中物理"体验式"教学模式的教学设计与探索。在第一轮实践的基础上，对高中物理"体验式"教学模式在不同课型中的实施流程进行了变式。

第三章 高中物理项目式教学理论与策略

第一节 项目式教学的内容选择与目标制定

以学科基本概念和原理为中心，选取相关教学内容进行分析，诊断出学生的已知点、障碍点和发展点，找到该主题对学生素养发展和能力提升的功能价值和教学要求，科学设计项目案例，使项目在教学中处于中心地位。

一、项目式教学内容选择

（一）契合新课程标准的要求

并不是物理学的所有内容都适宜开展项目式教学，教师应确保研究内容符合国家课程标准的培养要求，以课程标准为出发点，基于物理学科的核心概念和原理进行设计，让学生通过做项目来更好地学习国家课程，提高学科能力。《物理课程标准》对于《牛顿第二定律》一节课给出的建议是"根据牛顿第二定律，设计一种能显示加速度大小的装置"，因此可将"设计制作一种加速度测量仪"作为项目内容的主题，让学生通过这一项目深入学习牛顿第二定律；再如新课标对《反冲运动火箭》一节课的活动建议是"制作水火箭"，可以通过设计"制作并发射水火箭"的项目来完成反冲运动与动量守恒的教学目标。

除对一节的内容进行设计外，还可以根据新课标的要求对多节、一章甚至多章的内容重新梳理和整合，让学生通过一个大项目系统学习一个模块的物理知识。

《原子结构》这一章包含了电子的发现、原子核式结构模型的提出、氢原子光谱的研究和玻尔模型的提出这几部分内容，节与节之间关联性强，适合进行整合，可以设计"人类对原子结构的探索"这一项目，要求学生以角色扮演的方式汇报学习成果。学生通过撰写角色扮演的剧本系统梳理原子结构模型演变的来龙去脉，总结科学家所用到的物理学思想方法。再如，教师可以设计"汽车中的力学知识"引导学生思考讨论。这一项目涉及重力、弹力、摩擦力、受力平衡、惯性、功率等多节的知识点，能构成一个力与运动的综合应用项目专题，利于培养学生的发散性思维，帮助学生在头脑中构建知识网络。

另外，《物理课程标准》对情境创设提出了较高的要求。物理概念的建立、物理规律的探究以及应用物理知识解决实际问题，均需要创设真实问题情境，这要求教师应积极搜集与物理学有关的情境，为项目式教学案例的开发做好准备。在"探寻押加比赛的制胜本质"这一案例中，教师首先创设了两个人进行押加比赛这一情境，提出驱动问题"押加比赛中的制胜本质是什么？"，在此基础上组织项目探究活动，开展牛顿第三定律的教学内容。

（二）落实物理学科核心素养

项目式教学在培养学生的思维实践能力方面有独特的优势，教学内容的选取应紧扣物理学科核心素养的要求，让核心素养的培养落到实处。如"制作欧姆表"这一项目，其知识基础是电学部分的核心物理概念、规律，学生借助教科书等资料自学电路等知识，又通过动手操作加深对相关知识的理解，在项目操作过程中实现知识的提炼和深化，发展物理观念；学生在课前进行电路设计连接、数据测量和误差分析等实践活动，与同伴、教师充分交流讨论等，都能发展他们的科学思维和科学探究素养；通过参与项目，培养实事求是的态度，树立科学态度与责任感。教师应根据物理观念、科学思维、科学探究和科学态度与责任这四项物理学科核心素养来进一步设计和细化教学内容，通过精彩的教学活动在教学内容与物理学科核心素养的落实之间搭建桥梁。

（三）激发学生学习兴趣

项目式教学的主体是学生，只有学生对项目主题感兴趣，他们参与项目的积极性才能被更好地激发出来，教学内容应符合现阶段学生的认知发展水平，难度过高的项目会影响学生的学习热情。在项目教学内容确定前，由教师对学生的学习需求进行调研，其次对该项目的可行性进行分析，考虑学生是否有开展该项目学习的能力等。教师在选择项目时应充分挖掘物理知识与生活、生产、实践等的联系，根据一些课堂小实验、小制作、小发明等生成项目式教学的内容，激发学生的兴趣。

（四）科学探究相结合

科学探究能力是学生在终身发展过程中必须具备的，科学探究一般包括了发现问题、提出问题、进行实验或实践、得出结论等循环往复的过程。高中物理项目式教学与科学探究相得益彰，因此应使所选择的教学内容尽可能与科学探究相结合，让学生在做项目的过程中体验、经历探究的全过程。

例如，学生在参与"人类对原子的探索"这一项目过程中经历了两个探究过程。一是学习科学家们探索原子结构的探究过程，二是自身查阅梳理文献资料完成项目任务的探究过程。学生们整体走过了实践—反思—改进—再实践—再反思—再改进等阶段，角色扮演剧本的创作和实验道具的制作也需要经过多次完善，这些经历本身也是科学探究的一部分。在探究的过程中，学生们不仅学会了发现问题、提出问题，还学会了搜集证据，应用知识解释、解决问题。课堂上一个个"科学家"像答记者问一样回应提问和质疑，并充分交流，这也成为整个项目最亮点的环节。

（五）充分利用学校教学资源

学校的设备、环境等可利用资源是支持项目顺利开展的重要因素。教师利用学校的教学资源设计项目内容，开展"因校制宜"的项目式教学，能够推动实现国家课程的校本化。以我校为例，学校积极搭建实践平台。这些实践平台、资源等，为项目式教学的顺利实施提供了保障，开拓了学生的眼界，使学生能逐步习得包括知识、可迁移技能、高级思维能力、关键品格等在内的21世纪技能与核心素养。例如，教师可以组织学生研究学校实验室配备的体重计和学校电梯，制作电梯加速度测量仪，从而深入理解牛顿第二定律，学习超重和失重；我校以海洋教育特色闻名，会定期组织海洋科学考察，教师可以设计"测量海水的折射率"项目，让学生收集海水样本、设计实验和测量数据，学习折射率和折射定律等光学知识。

（六）涉及多种知识类型

根据知识的维度，可以将高中物理学科知识分为事实性知识、概念性知识、程序性知识和反省认知知识四类。这几类知识在有意义的学习中都是不可缺少的。

（1）事实性知识涉及学习物理学科或解决物理问题所必须具备的基本术语和要素，如基本电荷、传感器、色散、国际单位和守恒等。

（2）概念性知识包括对物质运动的分类、物理原理、定律、定理、概念及物理理论和模型的知识，如质点、电势、欧姆定律、动能定理、简谐运动、能量守恒等。

（3）程序性知识是告诉人们"如何做事"的知识，包括学习物理、解决问题的方法、技能和技术，以及相应的程序和标准，如用多用电表排除电路故障、用极限法或推论解物理问题、用DIS测重力加速度等。

（4）反省认知知识是对自己认知的知识，包含解决问题的一般策略和对学习的调节反思等，如上网搜查、批注和整理笔记。

一个优秀的项目式教学案例，应尽可能包含多种类型的知识。物理学中，从"地心说"和"日心说"的争论到牛顿最终总结得出万有引力定律，这一过程有诸多的物理学家进行年复一年的观测、计算和推导，物理学前辈们为后来的研究者和学习者提供了诸多启迪，可以设计"万有引力定律提出之前的那些事"这样一个专题，让学生搜集资料学习相关内容。其中包含了四种类型的知识，通过这样一个案例，学生不仅能习得物理概念、规律，还能学习方法，吸取经验和教训，体会物理学家的智慧。

二、项目式教学的目标制定

（一）教学目标制定的意义

教学目标是教学的出发点和归宿，是教师对学生达到的学习成果或最终行为的明确阐述。一切教学活动都是围绕着教学目标展开的。就其本身而言，它具备支配教学实践活动的内在规定性，起着支配和指导教学过程的作用，也是教师进行课堂教学设计的基本依据。教学目标的分析与确定是教学设计的起点，它首先确定教学对学生学习内容所达水平程度的期望，使教学有明确的方向；其次它给教学任务是否完成提供测量和评价的标准。因此，制定教学目标是开展教学的基本前提。

（二）制定项目式教学目标的方法

（1）以课程标准为依据。设计目标前，教师应该首先研究课程标准，明确教学中的必修内容与拓展内容，抓好教学的重点内容。教师要在把握课程标准的基础上，处理好长期形成的目标与短期教学目标之间的关系，不能直接用课程标准的内容替代教学目标。

（2）整体把握教科书。教师需要了解目标在全套教科书当中的一个价值定位，准确找到教学目标的切入点和落脚点，既不过高，也不过低，只有这样，教学才既不会原地踏步，也不会盲目地拔高要求，让学生望而生畏。

（3）考虑学生的实际水平和认知特点。教学目标体现了每节课学习结束时学生能达到的水平，是学习的终点。而制定教学目标时必须考虑学生的起点水平，使起点和终点之间的跨度适中，让学生经过课堂学习可以达到终点。对于章节难度比较大的项目，教师应当将教学目标进一步分解，适当延长课时并分散学习时间。教学目标的制订还要考虑学生的真实生活。我们在制定教学目标的时候，必须坚持以学生为本的理念，以学生的真实生活为基础，制定符合学生年龄特点和身心发展水平的教学目标。

（4）体现物理学科核心素养的要求。在制订项目学习目标时，要分析物理学科核心素养的要求。物理学科基于学科本质明确了学生在学习物理课程后应达成的正确价值观念、必备品格和关键能力。新课程标准指导下的物理教学目标，应围绕物理观念、科学思维、科学探究和科学态度与责任四个素养制定

（5）规范表述。教学目标的表述应该具体、明确、可测、可评。一般可以将教学目标表述为"学生（行为主体）+行为条件+行为动词及表现程度"的形式。显性行为动词用以表述学生形成的可观察、可测量的具体行为，如说出、写出、记住、说明、猜测、作图、解释、区分、辨别、概括等。行为条件指影响学生学习结果的限制条件或范围等，如"在……过程中""通过……"就是一些特定的课堂情境。表现程度用以评量学习表现或学习结果所达到的程度，如"正确说出"，"正确"就是"说出"的表现程度。

（6）深度理解学科知识。教师应具备对物理学科知识的深层理解与体验，熟练掌

握本体知识。如果教师对学科知识的理解流于浅表化、形式化，学生也难以对知识有深刻的认识。教师只有站在哲学的高度上去感悟知识，体会知识背后所蕴含的原理或价值，才能科学设计教学目标。

在"测量海水的折射率"项目式教学中，将教学目标设定如下：

物理观念：通过光的折射、全反射以及薄膜干涉或者牛顿环等现象和规律设计实验测量海水的折射率，进而形成光是一种波的物质观。

科学探究：学生设计实验方案，相互提出问题并对此进行解释分析论证。

科学思维：通过对不同的测量海水折射率的实验原理和建构的物理模型进行论证。

科学态度与责任：通过追求更高的实验精度，树立严谨的科学态度；体会物理学与海洋探测的关系，树立海洋强国战略的意识。

第二节　项目式教学的素材收集与问题设计

一、项目式教学的素材收集

在高中物理项目式教学中，掌握和迁移应用一个知识内容需要载体，这个载体就是项目素材，它是直接或原始的资源，这些素材对项目式教学的开展而言必不可少。教学素材应满足以下几点要求：一是涵盖课程标准中规定的课程内容；二是承载学科思想方法和学生发展核心素养；三是有助于学生建立学科主要活动类型的经验图式；四是贴近生活、贴近社会、真实、有意义。在教育工作中，我们要善于不断寻找、积累真实、有意义的素材。一般来说，高中物理项目式教学素材的来源有以下几种。

（一）教科书与教学参考书

教科书是知识传播的主要载体，也是项目式教学素材最直接的来源。课堂教学中，教师不仅需要开展教学活动，还要深入研究教科书，思考如何让教科书物尽其用。

教师可以从以下三方面入手挖掘教科书中的资源：一是科学探究问题情境。教科书中设有"问题""思考与讨论"和"STSE"等模块，它们对培养学生的科学探究能力很有帮助。二是物理学史类知识。物理学史具有沟通科学与人文的桥梁作用，通过物理学史，学生能了解物理概念和规律的产生与发展过程，学习物理学家探索、提出物理概念和规律的过程中所用到的思想方法等。对于教科书中"拓展学习"和"科学漫步"模块等，教师可以加以利用。三是教科书与教学参考书中的习题。新版教科书中的习题大多为学生创设了丰富的情境，重在考查学生应用知识解决问题的能力，教师可以在此基础上进行改编，让其成为项目式教学的素材。

在人教版高中物理教科书必修第一册中有这样一道习题："A同学用两个手指捏住

直尺的顶端，B同学用一只手在直尺0刻度位置做捏住直尺的准备，但手不碰到直尺。在A同学放开手指让直尺下落时，B同学立刻捏住直尺。读出B同学捏住直尺的刻度，就是直尺下落的高度，根据自由落体运动公式算出直尺下落的时间，就是B同学的反应时间。利用这种方法，你能不能把下面刻度尺的长度刻度，直接标注为时间刻度，使它变为'人的反应时间测量尺'？请尝试在图中长度刻度旁标注时间刻度。"这道课后练习是一个很好的项目素材，教师可引导学生制作"人的反应时间测量尺"，学习自由落体运动。再如，高二的教学参考书中有这样一道题目："手机无线充电设备能给手机充电的原理是什么？"目前市场上主流的无线充电主要是通过电磁感应原理实现的，在初级线圈中通一定频率的交流电，通过电磁感应在次级线圈中产生一定的电流，从而将能量从传输端转移到接收端。教师可组织学生制作手机无线设备充电装置，学生在这样的制作过程中收获的不仅仅是电磁感应的知识，还有动手操作能力和丰富的情感体验。

（二）生产生活实践资料

教育的最终目的是使学生获得在实际生产生活中解决问题的能力，因此，项目式教学的素材也应当来源于生产生活。生活实践素材主要包括三方面内容：

一是与大自然中物理相关的现象，如彩虹、日食等；二是与生产生活紧密联系的物理问题，如与体育运动相关的情境（乒乓球、篮球、滑雪）等；三是研究前沿，如国家重大科技工程（载人航天与探月工程、大飞机、北斗导航系统）等。

（三）科技成果与时事新闻资料

科技成果与时事新闻资料可以为教师寻求项目主题带来灵感，也能让学生更好地关注社会热点信息，培养学生的社会责任和担当意识。近年来我国在航空航天方面取得了耀眼的成就，教师可以此为切入点开发"设计未来航天器"的项目，让学生学习万有引力和宇宙航行的知识。再如，2020年的新冠疫情让全国各地人民度过了一个足不出户的特殊春节，如今疫情防控仍不能松懈。对此，教师可组织学生开展"研究制作无接触式体温计"的项目，让学生利用课下时间研究制作无接触式体温计，学习红外测温原理、电路连接和焊接等知识。学校可以聘请专业人员对学生自制的体温计进行检测，将检测合格的体温计收入学校医务室做后备资源，激励学生在疫情中贡献自己的一份力量，培养学生正确的人生观和价值观。

二、项目式教学的问题设计

项目式教学是以学生自主探究学习为主的教学方法，学生自主学习的积极性和主动性是保证教学质量的关键，因此问题设计也就成为项目式教学的重点和难点。一方面，教师要发挥相应的主导作用，根据教学内容和既定教学目标给出选题范围和具体要求，让学生拥有自由发挥的空间；另一方面，要侧重学生的主动效应，引导学生根据自身兴趣、能力，让学生在划定范围内进行自主探究。在项目式教学中，利用知识点间的交互，找准切入点设问，启发学生思考，帮助学生将知识关联起来构建知识网。

项目式教学是一种高效的课堂模式，区别于传统课堂。传统课堂中的问题设计可能存在以下问题：①问题平铺直叙，没有趣味性，不能引起学生的注意；②问题浅尝辄止，没有启发性和创造性；③问题钻牛角尖，没有重点可言，分散学生的注意力；④问题泛泛而谈，针对性不强，目的性不明确，使学生感到茫然，无从下手；⑤问题太过专业，使学生望而生畏，教学效果大打折扣；⑥问题混乱没有头绪，没有由浅至深层层递进，不利于学生构建知识脉络和提升思维品质。对于上述问题涉及的误区，应尽可能在项目教学中避免。那么如何改善，从何改善，下文进行叙述。

（一）驱动问题的提出

项目式教学的方式让学生在"做"中"学"，让学生"做"就需要有问题的驱动和思维的参与，问题指引学生"做"的方向。驱动问题不是一般性的、可以直接给出答案的具体问题，而是需要长时间进行思考和探索的大问题。驱动问题根据课堂教学目标和要求而确立，能够激发和推动学生主体活动、整合教科书重点内容和衔接学生的思维水平，是贯穿课堂系列任务的"牵一发而动全身"的中心问题。课堂教学中，师生在驱动问题的引导下，共同完成教与学的任务。

（二）驱动子问题串的设计

驱动子问题串是对驱动问题更细致的分解，能引领项目的进行。学生在子问题的驱动下，通过自主查阅教科书、资料等学习新的知识，通过小组合作交流，在解决一个又一个子问题的过程中逐渐完成项目任务。针对每一个项目，教师基于能力要素的高级思维内涵及素养要求进行有效设问、追问，并将它们按照一定的逻辑顺序逐一呈现，就制定出了本项目的驱动子问题。子问题在内容和难度上应该有连贯性和递进性，让学生体会循序渐进的学习过程。

好的驱动问题和子问题不仅能激发学生探究的兴趣，使项目任务更具挑战性，还能保证整个项目实施过程的顺利进行。教师需要针对项目主题，结合课程学习要求和学生的认知水平，精心设计项目驱动问题和子问题，使其能很好地为学生的探索实践活动指引方向。

下面分别对《反冲运动火箭》和《运动的描述》进行项目式教学整合与问题设计，这两个案例分别针对一节和一章的内容展开。

制作水火箭这一项目整合了动量和牛顿运动定律等力学方面的内容。根据前文所述，可以将项目的驱动问题设为"如何制作一个可以发射的火箭？"，驱动子问题设置如下：

①怎样可以使"火箭"获得初速度？原理是什么？

②用什么方法能提高"火箭"发射的速度？

③怎样探究影响"火箭"速度大小的因素？

④"火箭"发射的初速度和高度可以怎样计算和测量？

⑤"火箭"的运动过程蕴含着哪些物理原理？

⑥"火箭"能否多次加速？

《运动的描述》是新人教版高中物理教科书必修第一册第一章的内容，为更好地引导学生进行项目学习，我们把这一章项目的驱动问题设计为"如何描述从你家到青岛第三十九中学新校的运动？"。

这一章包含了四节课的内容，分别为质点参考系、时间位移、位置变化快慢的描述——速度，以及速度变化快慢的描述——加速度。根据项目式教学问题设计的要求，此处我们可制定一系列具有情境化、富有挑战性、有意义的驱动问题，并将其按照一定的逻辑顺序逐一呈现。因此可将这四节的驱动问题分别设计为：①如何能够将汽车（物体）变为一个简单的、可以描述的模型——质点、参考系的学习；②如何准确地描述汽车（物体）位置的变化——时间、位移的学习；③如何准确地描述汽车（物体）运动的快慢和方向——速度的学习；④如何准确地描述汽车启动或刹车的快慢——加速度的学习。这四个问题分别对应着四节课的学习，引领学生一整章的项目学习。

第三节 项目式教学的工具支持与活动组织

一、项目式教学工具支持

（一）相关概念——支架

"支架"来自英语"scaffold"，又叫作鹰架，是指在养鹰时用到的架子。它后来用于建筑行业，也叫作脚手架，是指在施工时为方便作业临时起支撑作用的工具。苏联的维果斯基将这一词语用于心理学中。美国的布鲁纳在研究母亲对孩子语言发展的影响时，认为母亲提供的一些帮助起到了类似于"支架"的作用，故将其引入教学领域的研究中。

（二）支架介绍

学习中用到的支架称为学习支架，它主要有问题支架、图表支架、工具支架、实验支架、认知模型和学习任务单等。

（1）问题支架

问题支架的使用较多，它是教师为引导学生而设计的一系列问题。这些问题具有一定的逻辑关系，层层递进，能推动教学目标达成。如在《人类对原子结构的探索》中，设置如下问题支架：

1. 关于阴极射线本质的争论是什么？汤姆生是如何发现电子的？电子的发现有怎样的意义？

2. 原子的枣糕模型内容是什么？它能解释哪些问题？

3. α 粒子散射实验的装置、原理和现象分别是怎样的？卢瑟福提出核式结构模型的思维过程是怎样的？核式结构模型有哪些局限性？

4. 玻尔模型的基本假设是什么？这些假设分别回答了怎样的科学问题？这一理论有哪些局限性？

5. 氢原子光谱与原子能级之间有怎样的关系？

（2）图表支架

图表支架的表现形式有图和表两个大类。用可视化的方式描述信息，简洁清晰、条理分明，对帮助学习者构建知识体系有重要作用。

（3）工具支架

多媒体资源、模型工具、网络资源、文字资料等均属于工具支架，它能辅助学生达成目标。

日益发展的网络学习平台因其即时性和便捷性成为学生获取知识、经验的重要渠道。学校应注重网络学习平台的构建，完善的平台能够细化教学流程，为项目成员交流奠定基础。例如，假期中，通过微信、QQ 等通信软件，教师能够发布任务视频；学生可以远程学习，及时汇报项目进度，并就过程中遇到的问题与所有参与者进行沟通。除此之外，各种资源通过这些平台实现了共享，可以极大提高学生的学习效率。网络平台还能够为项目式教学提供丰富的资源，使教学活动从线下延伸到线上，从课内扩展到课外，让教师顺利实施远程指导。

（4）实验支架

实验支架即物理学实验。通过亲身实验，学生能更深刻地理解知识、发展科学探究素养。大多数项目式教学探究活动都有实验支架的支持。如"反应时间测量尺""电梯加速度测量仪""欧姆表"等项目都需要学生自主选择器材，自行设计方案进行实验。

（5）认知模型

认知模型是人类对真实世界进行认知的过程模型。借助认知模型，人们可以有效地描述人类认知的各种成分或要素的相互关系，可以解释根据实验发现的各种事实和现象等。认知模型的使用过程如下：

①向学生提供认知模型。教师演示当前任务的具体操作并用有声言语说出其要领以作指导，或向学生展示专家是如何解决类似问题的真实过程；

②为学生提示或给予解决问题的线索；

③向学生指明解决问题或完成任务过程中需要考虑的问题因素或重要任务，告诉学生在探究过程中应当注意什么，特别是应当如何抓住问题的关键；

④告知学生在学习过程中的行为表现是否适当、充分，需要做哪些改进与调整；

⑤帮助学生在解决问题过程停滞时找到出路；

⑥通过提问帮助学生诊断错误的原因并且发展修正的策略；

⑦激发学生努力达到任务所要求目标的兴趣，并指引学生的活动朝向预定目标。

（6）学习任务单

学习任务单是由教师设计并提供给学生的一种支架，它能帮助学生自主学习以达成学习目标。在布置项目任务时，提供任务单可以指导学生活动，它既是学生主动学习的任务支撑，也是项目实施的具体引导。任务单的设计因项目而异，能体现项目特点、合理可行即可。任务单的直观性强，便于学生观察、理解，能调动学生的积极性，提高课前探究的效率。以下"电梯加速度测量仪"项目设计单、"电梯加速度测量仪"项目制作单、"测量海水的折射率"项目实施任务单是学习任务单的具体实例。

在项目式教学中，教师的身份之一是"监督者"，完善的制度对于保证项目顺利进行也是有必要的。例如，学生选定题目之后，参照对应的任务单，要在限定时间内上报进度计划并按照计划实施；设立激励机制，在每个任务节点举行交流会，对阶段性任务完成较好的团队给予奖励等。诸如此类，能够在一定程度上提高学生参与的积极性和团队协作意识。

二、项目式教学活动组织

（一）分组

在项目进行前，教师要对全班学生进行分组。这里介绍两种分组方法。

（1）根据学生的实际情况搭配小组成员。教师可以采用观察、交谈、测试等方法，尽可能多方位了解和掌握班级每个学生的实际情况，如性格特征、兴趣爱好、学习习惯、个人特长、学习成绩、与项目主题相关的知识的掌握程度等，再按照组内异质、组间同质的原则划分小组，调查表格设计举例。如有一个四人组成的小组，则通常这样安排：两男两女；一名成绩较优异的学生、两名学习成绩中等的学生和一名学习有困难的学生；一名口头表达能力强的学生、一名写作能力强的学生和两名擅长收集资料的学生。这样能保证分组的合理性和科学性。

（2）学生自愿组成小组，教师在此基础上适当调整。

接下来需要明确组内分工，这项工作可以由推选出的组长统筹安排或者组内成员轮岗，确保人人有事做、事事有安排。

（二）课前探究活动

选定项目主题后，教师和学生要对活动时间进行详细安排，明确每个阶段要完成哪些任务、项目实施期间所需的设备或资料、获取途径、所需经费，以及该项目会涉及的人员等。

项目的实施是一个系统工程，在实施过程中必须建立一套可行的制度来保障整个系统的运行。在项目任务的实施过程中需要建立以下管理和控制制度：一是项目学习的汇报制度。在项目实施过程中，小组成员必须向小组长汇报一天的进展情况和出现的问题，小组长也需要定期向指导教师反映该小组的进展。通过这一制度来督促学生的项目学习进展。二是项目学习的文本规范制度。在项目的实施前、项目实施中要填写进展日志和阶段性进展报告，在项目完成后要填写总结报告等。通过这些规范的文本来规范学生的行为。

在学生探究过程中，教师应注意以下两点：

（1）及时关注活动开展情况，适时调控

项目实施过程中，教师需要及时关注不同小组的项目进展情况，指导、引导和要求学生经历事情的全过程，亲历完整的活动，在活动中体验感悟项目的意义和价值，产生完成项目成果的强烈欲望。在这个过程中，教师是组织者、引导者和帮助者，不能单纯地把任务扔给学生，所以教师要做好充分准备，避免出现没有实质内容的环节，避开只有玩乐而缺乏深层次设计的环节，使学生能够真正在活动中发挥积极性、主动性和创造性。

（2）关注不同层次的学生，有针对性指导

对于不同层次的学生，教师要根据学生的学习水平及能力差异布置不同的学习任务，也就是所谓的分层教学，使学生积极参与到活动中来，帮助尽可能多的学生获得成功的体验。对于不同性格的学生，教师要采取不同策略加以关注，不能只和善于口头表达的学生讨论案例，而放弃不言不发性格内向的学生。比如，教师可以请这些性格内向的学生担任组内交流的"记录员"，把其他同学的观点用表格、画图或文字的形式记录下来。

小组成员共同完整研读学习内容，设计科学探究方案并进行实施、得到第一手资料，在小组互助学习、合作交流的基础上形成整体的展示思路、展示内容，进入展示环节。

（三）课堂交流与讨论

每个小组在课堂上对自己的项目成果进行展示。展示过程应包括物理原理、研究思路、实施过程、改进过程、测量数据、项目反思、目前存在的问题及改进方向等部分。一组的展示结束后，其他组可以提出疑问、补充或作出评价；如果展示组无法回答其他组的问题，教师应根据情况组织讨论，让学生在讨论中产生思维碰撞，促进课堂生成。各小组通过展示自己的作品，加深了对物理概念、规律的理解，锻炼了语言表达能力和团队协作能力。

学生在课堂交流过程中，可能出现诸多情况，如发言时跑题、课堂讨论不热烈等，这些都会影响教学目标的达成，因此教师应注意适时进行调控，控制讨论方向，保证课堂教学活动的完成。

（四）项目总结

课堂交流与讨论结束后，教师应对项目知识进行提炼总结，对学生在课前探究活动和课堂实施过程的表现进行评价，给出下一阶段的改进方向。

项目评价是项目式教学的最后一个环节，这里的评价有对学习过程的评价和对学习结果的评价——终结性评价。从评价主体来看，有教师评价、学生自评、小组评价和第三方评价，评价内容涉及对学科知识的掌握情况等。评价主要借助纸笔测试、问卷、访谈及评价量表等方式展开，体现多元化、多样化。这一内容在下一节将进行具体阐述。

第四节　项目式教学的过程性评价与目标达成

一、项目式教学过程性评价

（一）过程性评价的定义

项目式教学的过程性评价是对学习者学习过程的评价，是对学习过程的价值进行构建的过程，它涵盖课前探究活动和课堂交流与讨论两个阶段。

（二）过程性评价的特征

（1）关注学习过程

学生在学习过程中会采取不同的学习方式，不同的学习方式又会导致不同的学习结果。现有的评价方法与工具，更多侧重于对表层式学习方式所产生的学习结果进行评价与测量，对于那些由深层式学习方式所导致的学习结果，要么不予关注，要么无法评量，从而形成评价死角。

过程性评价恰恰关注学生学习过程中的学习方式，期望将学生的学习方式引导到深层式的方向上来。过程性评价中学生自评、互评的方法，可以使学生逐步把握正确的学习方式，树立正确的学习动机，掌握适宜于自己的学习策略，从而真正提高学习质量与效果。其结果是形成深层式的学习方式——高层次的学习结果——深层式的学习方式的良性互动。

（2）重视非预期结果

传统的目标导向的学业评价，将评价的目标框定在教育者认为重要的、非常有限的范围内，这种做法使得很多有价值的教育目标被忽视，评价导向的积极作用被削弱。

过程性评价则将评价的视野投向学生的整个学习经验领域，认为有价值的学习结果都应当得到评价的肯定，而不管这些学习结果是否在预定的目标范围内。其结果是，学生的学习积极性大大提高，学习经验的丰富性大大增强。

（三）过程性评价的原则

（1）发展性原则

发展性原则指评价的目的不仅仅是开展教学，更重要的是学生能获得长远发展。

重视评价的发展功能，必须突破传统甄别与选拔的影响，建立一种能促进富有个性差异的学生全面发展与提高的发展性评价，关注学生现在与过去相比获得了哪些进步。

（2）过程性原则

过程性原则是指评价不仅关注学生最终探究作品的质量，更强调学生参与项目学习、研究与实践的过程，即学生在认知、思维、情感、态度、方法等方面的体验。过程性原则要求评价贯穿学生项目学习的实施前、实施中和实施后，教师要对学生学习的全过程进行了解，记录学生的表现，如学生与同组成员的配合情况、与其他组成员的交流情况和学习是否积极主动等。

（四）过程性评价的方式

1. 从评价主体看

长期以来，在以教师讲授为主的教学模式中，学生和教师都将评价与考试等同起来，教师是评价主体。在这种自上而下的单向评价中，学生没有评价的权利，只能被动接受教师的评判。在基于项目学习的教学实践中，为了全面、综合反映学生的发展程度，发掘学生的自我评价能力，培养和发展学生的主体性，可以将学生自评、小组评价、班级评价和教师评价有机结合起来。

（1）学生自评：在学习过程中，学生对自己各个阶段所做的工作及时进行自我评价。通过自评，培养、增强自我评价意识和能力，学会认识自我、了解自己的学习个性，找到与自身学习个性相适应的学习方法和学习策略，增强主动参与课堂学习活动的信心，从而不断提高学习的质量和效率。

（2）小组评价：在学习过程中，小组内可以进行若干次自评，通过小组对本组项目规划的评价，找出工作的优点和不足，并加以改进。

（3）班级评价：在每个小组作品展示完毕后，其他学生要踊跃说出该小组作品有哪些优点与不足，学习别人的长处，以修正自己的不足。

（4）教师评价：在整个学习过程中，教师要对学生的学习、小组的工作给予及时评价和反馈。

（5）他人评价：在项目演示时，可以邀请其他学科的教师、家长、社区人员共同参与。评价的主体丰富了，就可以从多个方面、多个角度对学生的学习活动进行更全面、更客观、更科学的评价。

2. 从评价内容看

学生个体在项目中的分工不同，因此应该从多个角度对学生进行评价。如学生在构建知识过程中的表现包括构建知识过程的实践度、构建结果的正确性以及针对障碍采取的应对措施等；学生的小组合作学习行为包括是否按照要求自主学习、是否积极参与小组活动、是否影响小组团结和声誉等。

3. 从评价工具看

项目评价量表、调查问卷和访谈等均为过程性评价的工具。值得注意的是，评价量表的设计应该因项目而异、因学情而异，体现出项目特色。

二、项目式教学目标达成

教师可以从学科知识与核心素养两个方面入手检测教学目标的达成情况。教师可以精心编制试题，有针对性地对学生进行考核，并让学生对照学习目标检测项目学习的效果。

第五节　项目式教学的操作流程

项目式教学对教师的教育理念和教学设计思想提出了更高的要求。传统的教学侧重于教会学生回答问题，而项目式教学则侧重于引导学生提出问题，整合学习素材，利用所学知识解决问题，走向深度学习。进行教学设计时要基于教科书，更要丰富素材，使学习任务更加翔实。项目设计包括准备阶段和整体设计两部分。

一、准备阶段

（一）确定活动场所

高中物理项目式活动需要的场地有校内物理实验室、校内教室、博物馆、青少年宫、科技馆、工厂等，前往不同地区需要提前规划好路线和场地，确保安全。

（二）规划项目时间

确定项目的起止时间，包括每一阶段的起始时间和截止时间。做好每一阶段的时间规划，按照计划积极推进和完成项目各阶段的目标要求。

（三）准备物资

列出项目所需的基本材料与校内现有的可使用资源，制作物理项目式教学购买教具申请单，辅助项目顺利进行。准备物资时遵循综合利用、节能环保、循环利用的原则。

二、整体设计

（一）分析教学内容，确立项目主题

项目主题的选取要以物理学科基本概念和原理为中心，选取聚焦物理学科概念、体现物理学科素养和关键能力的项目主题。对《物理课程标准》规定的高中物理课程内容按照专题进行整合，诊断出学生的已知点、障碍点和发展点，找到满足学生素养发展和能力提升的功能价值与教学要求的主题。项目学习的主题还应有一定的社会价值，要切合实际，值得学生花费时间和精力探索。

项目学习的主题必须要有一定的难度，在教科书或网络中轻易就能找到答案的问

题，不能作为项目学习的主题。但项目学习的主题又不能超出学生的能力范围，应让学生经过自己和小组的共同努力，经历一个收集信息、处理信息和得出结论的过程能够解决问题。设计项目时要依据学生实际情况，把握难度，保证学生在有限的时间内（一个星期、一个月或者一个学期）经过自主和协作学习能够完成任务。

例如，《物理课程标准》中必修第三册"3.3电磁场与电磁波初步"和选择性必修第二册"2.2电磁感应及其应用"的部分内容要求如下。

3.3.3知道磁通量。通过实验，了解电磁感应现象，了解产生感应电流的条件。知道电磁感应现象的应用及其对现代社会的影响。

2.2.1探究影响感应电流方向的因素，理解楞次定律。

例1用能量的观点解释楞次定律。

2.2.2通过实验，理解法拉第电磁感应定律。

2.2.3通过实验，了解自感现象和涡流现象。能举例说明自感现象和涡流现象在生产生活中的应用。

例2了解电磁炉的结构和原理。

2.2.4通过实验，认识交变电流。能用公式和图像描述正弦交变电流。

例3用示波器或其他设备观察交变电流的波形，并测算其峰值和有效值。

2.2.5通过实验，探究并了解变压器原、副线圈电压与匝数的关系。知道远距离输电时通常采用高压输电的原因。

例4观察常见的变压器，了解其作用。

例5探讨远距离输电中导致电能损耗的因素。

2.2.6了解发电机和电动机工作过程中的能量转化。认识电磁学在人类生活和社会发展中的作用。

《物理课程标准》对选择性必修第二册的教学提示中指出"本模块通过电磁学内容的学习，进一步培养学生关于电磁场的物质观念、运动与相互作用观念和能量观念"，"通过对感应电流等相关问题的科学探究，强调对实验现象和实验结果进行归纳推理的方法，以此提升学生对实验结果定性和定量分析的能力。要利用基于实际情境的问题，让学生了解电磁感应定律、楞次定律等电磁学基本规律在生产生活中的应用，了解交变电流的产生原理和方式以及高压输电、变压器等的原理。深入认识物理学对现代生活和科技社会发展的促进作用"。

基于以上要求，确立项目主题为"模拟潮汐发电为青岛居民供电"。这一主题包含了电磁感应和交变电流的全部内容。学生经历感应电流产生条件和影响感应电流方向因素的科学探究全过程，发展科学思维；在理解楞次定律中进一步完善能量观念。这一主题与生产生活紧密联系，学生在潮汐发电和为青岛居民供电的实际情境中了解电磁感应定律、楞次定律等电磁学基本规律和交变电流、高压输电、变压器等原理在生产生活中的应用，认识物理学对现代生活和科技社会发展的促进作用。

（二）根据目标主题，选择教学素材

根据确定的项目目标，确立项目主题，按照如下要求选择教学素材：一是涵盖课程标准中规定的课程内容，二是承载学科思想方法和学生发展核心素养，三是有助于学生建立学科主要活动类型的经验图式，四是贴近生活、贴近社会、真实、有意义。依据选取的教学素材，设计学生感兴趣、具有挑战性和可操作性的任务，可根据具体内容设计成大项目、小项目或微项目，最终形成项目清单。

在教学中，教学时间是有限的，为了有效达到教学目标，教师要精心选择符合学生学情的素材，运用时注意深入分析。有的素材可以反映多方面的问题，教师应尽可能以一个素材为线索，贯穿整节课，进行多角度剖析，同时也培养学生多角度分析问题的能力。高中阶段的学生具备一定的抽象思维能力，相对容易理解的知识可以通过文字和图片有效地帮助学生理解，但是对于学生接触得少、理解很有难度的问题，可以借助视频、动画的形式来呈现。除此之外，对于一些比较枯燥的知识，教师也可以整合知识，创设情境，让学生主动参与，激发学生的学习热情。

例如，针对超重和失重现象的课程内容，确定项目主题为"制作电梯加速度测量仪"，用运行中的电梯这个情境贯穿整节课。学生乘坐电梯，亲身体验超重与失重，并利用体重计、弹簧测力计、弹簧或橡皮筋定量探究电梯加速度，最终制作出电梯加速度测量仪。通过这一系列的过程，学生能够深入分析并理解超重和失重现象的本质。在这个项目中，学生经历基于观察和实验提出物理问题、形成猜想和假设、设计实验与制订方案、获取和处理信息、基于证据得出结论并作出解释、交流、评估、反思的科学探究过程，提升模型建构、科学推理、科学论证、质疑创新等科学思维。

（三）梳理项目内容，进行问题拆解

针对每一个项目，围绕某一真实事物或真实事件，先设计制作思维导图，根据思维导图，基于能力要素的高级思维内涵及素养要求进行有效设问、追问，形成一系列具有情境化、富有挑战性、有意义的驱动问题，并按一定的逻辑顺序逐一呈现，制定出本项目的问题驱动任务单。这一系列驱动性问题是由教师和学生共同研讨确定，这些问题往往来自真实世界和实际生活，具有选择性和指向性，能为学生探索实践活动指引方向，激发学生学习兴趣。任务单既是学生主动学习的任务支撑，也是项目实施的具体要求和路线图。

例如，针对《牛顿第三定律》这一节内容，确定项目主题为"探寻押加比赛的制胜本质"，设计驱动问题为"押加比赛中的制胜本质是什么？"。

教学设计思路是以押加比赛贯穿整节课。首先找到押加比赛中甲和乙所涉及的作用力和反作用力，引出作用力和反作用力的普适概念。紧接着通过设计实验模拟押加比赛探究作用力和反作用力的大小和方向之间的关系。然后简化押加比赛情景，分析押加比赛制胜本质。最后拓展部分在押加比赛情景中寻找平衡力，将其与相互作用力比较，总结一对相互作用力和一对平衡力的异同点。

基于此，设计任务一、任务二、任务三、任务四。每个任务下提出问题，引导学生思考。

任务一：

（1）你能找到押加比赛中甲和乙所涉及的作用力和反作用力吗？它们是哪些类型的力？

（2）其他类型的力，也一定存在反作用力吗？请举例说明。

（3）你可以画示意图表示物体A和B之间相互作用力的关系吗？

任务二：

（1）我们可以模拟押加比赛，研究甲对乙的拉力和乙对甲的拉力的关系，进而分析总结两个物体之间的相互作用力有什么关系。

（2）以卵击石，鸡蛋"粉身碎骨"，但石头却"安然无恙"，为什么？

任务三：

如图所示，甲、乙双方进行押加比赛，最终甲方取得了胜利。

（1）请画出甲、乙各自的受力图并做简要说明。

（2）乙的受力情况满足什么条件才能被拉动？

（3）甲获胜，说明甲所受的力具有什么特征？

（4）从甲、乙的受力角度考虑，甲能赢乙的原因是什么？

（5）在我们的简化模型中，你能总结出押加比赛的制胜本质是什么吗？

任务四：

（1）请你找出押加比赛时，甲和乙所涉及的平衡力，并指出各个力的性质。

（2）一对相互作用力和一对平衡力有哪些相同点和不同点？

（四）设计活动任务，实施科学探究

针对真实情景下的驱动问题，精准且有梯度地设计教学环节和学生活动任务。首先确立项目活动小组，确定师生之间、生生之间的任务分工。活动小组为完成学习任务及解决某一核心问题而完整地、整体地研读学习内容，并设计活动方案。活动形式包括实验、访谈、调查、设计及制作模型、编排情景剧、辩论、搜集资料等。尽量利用各种校内外资源，包括当地社区、科研院所、科技馆、工厂等开展活动。通过系列活动，制作实验报告、访谈纪要、模型、情景剧等活动产品。活动中教师要指导、引导和要求学生经历事情的全过程，做完整的事，在活动中感悟项目的意义和价值。展示环节是体现学生深度学习和深度思考的重要活动内容，小组成员在互助学习、合作交流的基础上形成整体的展示思路、展示内容、展示环节，从而达到对物理核心素养的进一步培养与升华。

（五）设计学习支架，提供实施保障

在学生解决问题或完成任务的过程中，教师要设计有助于学生参与问题解决并获得技能的各类支持。通过提问帮助学生诊断实验失败的原因并且及时修正实验；帮助学生在思维固化时找到出路，并指引学生的活动朝向预定目标发展。例如，在解决抽象问题时，提供资料及制作模型方法、史料及科学研究步骤、设备及实验方法、提示问题解决的线索，等等。项目式教学探究活动中，从信息的收集、计划的制订、方案的选择、项目的实施、信息的反馈到成果的评价，教师要学会设计学习支架，尽可能减少学生参与项目活动遇到的难题。

例如，"探寻押加比赛的制胜本质"这个项目，学生在课下做实验，用拉力器和刻度尺探究作用力与反作用力的大小关系。有一组学生是两个人一边互拉拉力器一边运动，另外两个人拿着刻度尺分别测量两个拉力器的长度。学生发现在拉力器运动过程中很难读数，两个人同时读数更是难上加难，这导致实验误差很大。学生遇到了困难，不知道如何解决的时候，教师通过提问引导学生思考解决的办法。教师问："是什么原因导致读数困难？"学生答："拉力器运动，刻度尺零刻度线很难与拉力器一端对齐；刻度尺运动，看不清刻度。"教师问："是否可以把拉力器与刻度尺固定在一起，是否可以让刻度尺不运动，或者是否可以通过某种方式让我们能看清运动着的刻度尺？"学生答："可以用绳子把刻度尺固定在拉力器一端；或者可以把几把刻度尺首尾相连固定在桌面上，这两种实验方式都可以用拍照或录像记录下来，之后再研究照片或录像。"通过这一系列的问答和思考，学生找到了解决问题的方法。

（六）设计评价方案，诊断素养水平

1. 学生活动过程评价

学生活动过程评价可以通过学生自评、小组内互评和教师对学生的评价等方式进行。

（1）学生自评

教师可以让学生根据自我评价表评价自己在活动过程中的表现。

（2）小组互评

教师可以让学生根据组内互评表评价自己所在小组的其他成员在活动过程中的表现。

（3）教师评价

在学生小组活动时，教师可以在旁观察，关注学生在活动中的表现，及时表扬、鼓励或指点学生，确保项目学习顺利进行。教师也可随时记录学生在活动中的表现，作为对学生过程性评价的依据。例如，借助学生活动过程评价表对学生的活动过程进行评价。在"水火箭的设计与制作"这个项目中，教师设计了物理项目式教学学生活动过程评价表。

（2）课堂评价

课堂评价可以通过学生小组自评、小组互评和教师对学生的评价等方式进行。

（1）小组自评：

每个小组进行课堂展示后，对本组的表现进行小组自评。教师可以根据项目内容设计课堂展示小组自评表，让学生根据表格对本组进行评价。例如，在"水火箭的设计与制作"这个项目中，教师设计了物理项目式教学课堂展示小组自评表。

（2）小组互评

每个小组进行课堂展示后，其他小组分别对展示小组进行评价。教师可以根据项目内容设计课堂展示小组互评表，让学生根据表格对其他组进行评价。例如，在"设计制作欧姆表"这个项目中，教师设计了欧姆表成果汇报课堂评价表。

（3）教师评价

教师在课堂上对展示小组在展示之后及时作出口头评价并根据《量化评价表》做记录。教师在课堂上还应对学生提出的质疑、开展的讨论作出及时的口头评价和记录。在课堂最后，教师针对整个项目过程及最终项目成果给出项目总体评价。

3.课后评价

（1）对学科知识的掌握评价

在学生进行某个项目之前，可先进行一次课前测试。课前测试可对学生现有的与本项目相关的知识摸底调查。课后测试在项目完成后进行。通过课后测试可了解学生在学习后对学习内容的掌握程度。还可通过课后测试与课前测试的比较了解学生通过学习的进步情况。

测试题的设计应针对项目内容与项目目标。通过学生对测试题的作答情况，教师可以了解学生的学习效果，项目目标达成的程度，从而诊断学生的素养水平。例如，在"探寻掰加比赛的制胜本质"这一项目中，针对"理解掌握牛顿第三定律，并能用它解释生活和科技中的有关问题"这一项目目标，设计如下测试题。

（2）访谈与调查问卷

在项目实施结束后，每位同学完成项目制作的感悟与收获，包括项目式学习与传统学习方式的区别、在项目制作过程中遇到的困难、感悟与收获等。采用个别同学访谈、多数同学独立写作的方式进行，调查学生对项目式教学的看法和接受度，让学生反思整个项目过程，起到过程性评价的作用。

第四章　高中物理概念式教学理论与策略

第一节　物理概念教学的理论基础

物理概念是客观事物的共同属性和本质特征在人们头脑中的反映，是物理事物的抽象，是观察、实验和物理思维的产物。任何物理概念的形成都离不开物理思维，而思维活动是人类最高级的心理活动。学生形成概念、掌握规律的过程，绝不是简单地、被动地从教科书上或教师那里接受一些概念和规律的条文，而是在学生头脑深处发生一系列极其深刻、极其复杂的心理变化的过程。所以，研究物理概念教学的心理学基础，用先进理论来指导物理概念教学是有益的。

下面我们归纳物理概念教学的几种主要理论基础。

一、高中物理课程标准

高中物理是普通高中科学学习领域的一门基础课程，与九年义务教育物理或科学课程相衔接，旨在进一步提高学生的科学素养。高中物理课程有助于学生继续学习基本的物理知识与技能；体验科学探究过程，了解科学研究方法；增强创新意识和实践能力，发展探索自然、理解自然的兴趣与热情；认识物理学对科技进步以及文化、经济和社会发展的影响；为终身发展，形成科学世界观和科学价值观打下基础。

（一）高中物理新课程的基本理念

理念就是一个人具备付诸行动的信念，它既是一种观念，也意味着行动课程理念是课程设计者蕴含于课程之中，需要课程实施者付诸实践的教育教学信念，它是课程的灵魂和支点。高中物理新课程的基本理念包括以下五个方面：一是在课程目标上注重提高全体学生的科学素养；二是在课程结构上重视基础，体现课程的选择性；三是在课程内容上体现时代性、基础性、选择性；四是在课程实施上注重自主学习，使教学方式多样化；五是在课程评价上强调更新观念，促进学生发展。

（二）对高中物理概念教学策略探索的启示

（1）从课程目标的三个维度来设计教学过程

《普通高中物理课程标准》在知识与技能、过程与方法、情感态度与价值观三个维度上提出了高中物理课程的具体目标。在教学中，这三个维度的课程目标不是相对独立的，而是融于同一个教学过程之中的。故而在设计教学过程时，要从三个维度来构思教学内容和教学活动的安排。如可以用打点计时器研究自由落体运动，在获得知识的同时提高对实验数据的处理能力。

（2）提高科学探究的质量，关注科学探究学习目标的达成

教师应该创设物理问题的探究情境，让学生通过观察与体验后，有所发现，有所联想；并应提炼出探究的科学问题，提高学生制订探究计划的能力，收集、分析、处理信息的能力和对科学解释进行评估的能力；使学生树立把物理事实作为证据的观念，形成根据证据、逻辑和现有知识进行科学解释的思维方法。

（3）使物理贴近学生生活，联系社会实际

教师应选择与学生生活联系密切的素材用于教学，增强学生对物理课的亲切感开展跨学科的科研活动，鼓励学生把物理知识与其他学科知识结合起来研究周围的生活和社会现象。在研究的过程中提高学生对科学与经济社会互动作用的认识，增强将科学服务于人类的社会责任感和使命感。

（4）突出物理学科特点，发挥实验在物理教学中的重要作用

在高中物理教学中，应该重视学生对物理实验的理解，重视实验技能的提高，使学生能够正确使用高中物理实验中的仪器和工具，获得较准确的实验信息，并把实验获得的信息演绎、归纳成结论。另外，教师要充分利用实验资源做实验，提倡用身边的物品做物理实验。还要培养学生对实验过程严肃认真、对实验结果实事求是的态度，并把实事求是的作风带到平时的学习和生活中。

二、多元智能理论

（一）多元智能理论的基本观点

哈佛大学教授、发展心理学家加德纳（Howard Gardner）于1983年系统地提出了多元智能理论（Multiple Intelligences）。多元智能理论很快引起了世界各国教育家、教育工作者的兴趣和关注，成为20世纪90年代以来许多西方国家教育改革的重要理论基础之一。

基于对传统智力测验理论的批判，加德纳在1983年出版的《智力的结构》（Frames of Mind）一书中提出了自己对智力的新理解："智力是在特定文化背景下或社会中，解决问题或制造产品的能力。"根据新的定义，加德纳提出了关于智力及其性质和结构的新理论——多元智能理论。多元智能理论认为，智力的本质是多元的——不是一种能力而是一组能力；其基本结构也是多元的——各种能力不是以整合的形式存在，而是以相对独立的形式存在。在加德纳看来，多元智能框架中相对独立地存在着七种智力，这七种智力分别是言语——语言智能、逻辑——数理智能、视

觉——空间智能、身体——运动智能、音乐——节奏智能、人际交往智能。后来加德纳又将自然观察者智能和自知自省智能也纳入了考虑的范围，认为多元智能是一个不断扩展的模型。

根据加德纳的多元智能理论，作为个体，每个人都同时拥有多种相对独立的智能。这些相对独立的智能并不是绝对孤立、毫不相干的，而是以复杂的方式不同程度地组合在一起共同起作用的。这些智能在个体身上表现出不同的组合方式，即便是同一种智能，其表现形式也不一样，使得每个个体都成为一个独特的个体。另外，加德纳还认为，不同文化背景下不同个体在智力的发展方向和程度上存在差异，文化的发展以及文化的要求使人们发展智力成为可能。由此看来，智力是多元的、情境化的，智力的表现形式是各不相同的，我们判断一个人聪明与否、成功与否的标准也应该是多种多样的

（二）对高中物理概念教学策略探索的启示

（1）形成积极乐观的学生观

"每个学生都有自己的优势智力，有自己的学习风格和方法，在我们学校里再也没有'差生'的存在，只有具备不同智力特点、学习类型和发展方向的可造就的人才。我们看待学生时，应时刻清醒地认识到，每个学生都是多种不同智力不同程度的组合，问题不再是一个学生有多聪明，而是一个学生在哪些方面聪明和怎样聪明。"这种对学生的高期望，会使教师对教学和学生投入更多，这种积极的态度和努力的行为将会感染学生，让学生把教师的期望转变为自己的期望，从而增强自信，加倍努力，获得成功。

（2）正视学生差异，创设学习环境，因材施教

每个学生都有着独特的智力特点。物理教师要基于每个学生不同的学习风格、不同的认知方式，针对不同的物理教学内容，采取不同的教学方法和手段。并不断反思自己的教学行为，为学生创造更加丰富的学习环境，提供更多选择机会的教学活动，从而促进学生对物理有效学习方式的形成。

（3）树立灵活多元的评价观

高中物理新课程关注过程性评价，重视学生的自我评价和同伴评价。物理教师应从多方面观察、评价和分析学生的优点和弱点，以此为依据改进教学活动，从而帮助学生认识自我、建立自信，促进学生在原有水平上的发展。

三、建构主义理论

（一）皮亚杰关于建构主义的基本观点

瑞士心理学家皮亚杰被认为是建构主义的先驱。皮亚杰坚持从内因和外因相互作用的角度来研究学生的认知发展，认为学生通过"同化"及"顺应"与周围环境相互作用，逐步建构起关于外部世界的知识，从而使自身认知结构得到发展。学生的认知

结构就是通过同化与顺应过程逐步建构起来的，并在"平衡——不平衡——新的平衡"的循环中不断得到丰富、提高和发展。

（二）建构主义的学习观和教学观

建构主义的学习理论认为，学习是一个学生主动建构知识的过程，是在一定的情境下，借助于父母、教师、同伴的帮助，来完成由新旧知识的冲突而引发的观念改变和结构重组，最终形成新知识的过程。它强调学生的主动参与、探究发现、交流合作和对所学知识的主动建构。同时，还强调学习是一个动态变化的过程，即学习是通过反思性的智慧活动学习过去、现在与未来的联系的过程，并经过反思、交流进一步加强与完善。

教师在学生学习中的角色要从知识的传递者、灌输者转变为学生主动建构意义的帮助者、促进者。在教学过程中，教师要充分教师要发挥学生学习的主动性、积极性和首创精神，把所学的知识与一定的真实任务情境挂钩，让学生通过相互沟通和交流，共同解决情境性任务，从而有效地实现学生对当前所学知识的意义建构。

（三）对高中物理概念教学策略探索的启示

依据建构主义理论，物理教学是物理认知结构的教学。教师要以学生的物理认知结构特点及其变化规律为依据，对物理教学过程进行精心设计，以促进物理意义建构目标的实现。

（1）创设物理情境，促进意义建构

教师应创设与物理教学内容相关的情境，以引起学生对问题解决的兴趣和学习的愿望，从而激发学生对解决问题和探究问题的积极性和主动性。

任何学习愿望总是在一定情境中发生。而问题的情境则具有强大的吸引力，会对学习需要产生强烈的激发作用，故而物理教师应创设与教学内容相关的情境，将情境中所包含的事物（实物、图形或语言陈述事物）按照一定的空间配置、时间顺序和相关关系构成某种模式呈现在学生面前，形成特定的刺激物，来激起学生对解决问题的兴趣，促使学生积极、主动地探究解决学习过程中存在的问题，亲身体验在物理规律的探索中获取真知、开发潜能的成就感。

（2）物理教学中应突出学生主体性的发挥

学习不是由教师向学生传递知识的过程，而是学生依据自己经验建构知识的过程。教师应给予学生解决问题的自主权，相信学生、尊重学生、理解学生、帮助学生。让学生在民主和谐的课堂氛围中，通过师生之间、生生之间的交流、讨论、争辩与协作，达到对物理知识更丰富、更灵活的理解。

四、维果斯基最近发展区理论

（一）维果斯基最近发展区理论的基本观点

20世纪20年代，苏联著名的教育家和心理学家维果斯基提出了反映教学与发展内部联系的最近发展区理论。维果斯基认为，儿童的心理发展可以分为两种水平：一种是现有发展水平，指已经完成的儿童发展系统所形成的心理机能的发展水平。另一种是潜在发展水平，指儿童正在形成和正在发展的过程，其实质表现为儿童在自己的这一发展阶段还不能独立完成任务，但可以在成人或有能力的同伴的合作与帮助下，通过模仿完成这些任务。这两种水平之间的距离，就是"最近发展区"。

此外维果斯基还提出，认知发展发生于"最近发展区"，教学最佳效果的产生也在"最近发展区"，教学应该走在发展的前面。最近发展区理论对教育教学具有重要的实践意义。

（二）对高中物理概念教学策略探索的启示

物理教师应深入了解学生的现有发展水平，而不是从自己的教学经验或主观感受出发，过高或过低地评价学生的学习状况，造成了教学水平和效益的低下，阻滞了学生能力的发展。教师要根据学生的实际情况设计教学任务，所设计的教学任务必须贴近学生的生活，是学生感兴趣的话题。任务的难度要刚好处于学生的最近发展区，既不会太简单又不会太复杂，并在实施时进行适当的调整，使教学时学生的认知发生于最近发展区中，达到最佳的教学效果，有效地促进学生智力的发展。

一个班几十个学生，每个学生学习基础不同，学习态度不同，智力发展水平也不同，造成了每个学生的最近发展区也不尽相同。对于物理教学中的重点难点，教师最好能设计出一组难度各异的有层次的问题，以便适用于不同的学生或不同的教学时机，这样才能真正促进有效教学的实施。

五、奥苏泊尔有意义学习理论

（一）奥苏泊尔有意义学习理论的基本观点

美国教育心理学家奥苏泊尔根据课堂学习中知识的来源和学习过程中的性质，将课堂学习方式划分为"机械——意义"和"接受——发现"两个维度。在奥苏泊尔看来，接受学习和发现学习最主要的区别在于学生学习知识的来源不同接受学习中的学习材料已提供给学生，而发现学习中学习内容需被独立地发掘出来。那种认为一切接受学习都是机械的、一切发现学习都是有意义的看法是人们对学习方式产生的误解，是不正确的。无论是接受学习还是发现学习都可能是机械的，也都可能是有意义的。

接受——发现学习不一定是机械的或是被动的。真正有意义地接受学习同样需要学习者的"主动思考"。进行有意义接受学习必须具备三个前提条件：第一，学习材料本身必须具备逻辑意义。即学习材料能与学习者原有认知结构建立非人为性的实质性联系。其中，实质性联系是指新符号或符号所代表的新知识观念能与学习者认知结构中已有的表象、有意义的符号、概念或命题建立内在联系，而不仅仅是字面上的联系。第二，学习者必须具备有意义学习的心向。即积极主动将新旧知识加以联系的倾向性，正所谓"外因通过内因而起作用"。教师应该采取有效的激励手段，充分调动起学生学习的积极性和主动性，让学生在课堂教学过程中积极地进行思维活动，将新旧知识有机结合起来，使新知识顺利纳入认知结构的适当部位。只有学生学习的积极性和主动性得到充分的发挥，有意义学习才可能顺利地完成。第三，学习者的认知结构中必须有同化新知识的原有适当概念。只有满足这三个前提条件，接受一发现式才会成为一种高效地传授学科内容的基本方法。

（二）对高中物理概念教学策略探索的启示

在我国正在进行新一轮课程改革的今天，我们该如何发挥接受学习在物理课堂教学中的积极作用，保证它的有效性呢？在课堂教学中应注意几个方面：首先，要培养学生的学习动机，激发学生进行有意义接受学习的意向；其次，教师要注意课堂教学的逻辑性，即在呈现教学内容、安排教学顺序、选择教学方法时，按照物理学科的逻辑结构来精心设计与安排；最后，课堂教学前，教师要了解和把握学生原有的认知结构，根据掌握的学生的原有认知结构，判断学生用来同化新知识的原有知识是否巩固清晰，这样才能进行有针对性的教学，从而将新知识纳入原有的认知结构之中。

六、巴班斯基教学过程最优化理论

（一）巴班斯基教学过程最优化理论的基本观点

所谓教学过程最优化是指在全面考虑教学规律、原则，现代教学的形式与方法，该教学系统的特征以及内外部条件的基础上，为了使过程从既定标准看来发挥最有效的（即最优的）作用而组织的控制。巴班斯基以辩证的系统方法作为教学研究的方法论基础，把教学过程看成了一个系统。认为在教学过程中可以区分出这样一些基本成分：由社会所决定的教学目的、教学内容、教学条件，教师和学生活动的组织形式，师生活动的方法，教学结果的分析和自我分析。而且这些基本成分是一个完整的系统，必须置于比较有机的联系中加以研究。因此，巴班斯基明确地指出："要使教学最优化，就必须以辩证的系统方法看待教学过程，所谓辩证的系统方法就是必须把教学过程的所有成分、师生活动的内外条件都看成是相互联系的东西，并自觉从中选择出在当前条件下教学任务、内容、形式与方法的最好方案。"只有这样，才能找到全面提高教学质量的途径。

实现教学过程最优化的关键是选择具体条件下最佳地组织教学过程的方案。因此就必须有一个明确的最优化的标准，用以对所有供选择的方案进行最优程度的比较评定，并做出最终选择。巴班斯基将效果质量标准和时间消耗标准作为过程最优性的最重要的标准。其中，效果质量标准是指每个学生学习成绩、思想品德和发展三个方面都达到了他在一定发展时期内实际可能达到的水平；时间消耗标准是指教师和学生都遵守学校所规定的课堂作业和家庭作业的时间定额。

（二）对高中物理概念教学策略探索的启示

巴班斯基的教学过程最优化可以说是抓住了教育教学中极为关键的问题，即：如何通过合理地组织教学过程，既提高了教学质量，又不会造成师生的负担过重。这也正是我们新一轮物理课程改革所面临的问题。

第二节　物理概念教学的问题分析

物理概念的教学包括教师的教与学生的学两个方面，这两个方面是相互联系、相互促进、相互制约的关系。教学时必须考虑到学生的学，以学生的学为依据；而学生的学也不是盲目的，必须紧跟着教师的教。

物理概念教学是一种特殊的教学活动，服从并遵循一般的教学规律。一般情况下我们根据教学过程的规律来阐述教学原则，使学生掌握基本概念，系统地掌握基础知识、基本技能，形成严密的逻辑思维能力。

一、物理概念教学的基本原则

在物理概念的教学过程中，应遵循以下一些基本原则。

（一）顺序发展原则

顺序发展原则，是指概念教学要按照概念的逻辑系统和学生的认知发展顺序进行，使学生掌握基本概念，系统地掌握基础知识、基本技能，形成严密的逻辑思维能力。

乌申斯基指出："知识只有形成系统，当然是从事物本质出发来形成合理的系统，才能被我们充分掌握。脑子里装满片断的、毫无联系的知识，那就像东西放得杂乱无章的仓库一样，连主人也无法从中找到他所需要的东西。"

对于概念教学，我们要考虑到各个概念出现的先后顺序，即使同一个概念，也要考虑其顺序发展。因为不同概念之间往往是有逻辑联系的，同一个概念往往也是不断发展的，例如温度、质量、能等概念，教学中应顾及教材的系统性和学生认识的规律性，如果跳跃前进，赶进度，必定是"欲速则不达"，不仅学生接受不了，而且严重挫伤了学生的学习积极性。

概念教学的顺序发展原则应该遵循以下基本要求。

第一，按照教材的系统性进行教学。教师应该遵循教学大纲和依据教材，结合学生的特点和自身的优势，深刻领会教材的系统性，编写出优秀的教学提纲，在教学中发挥自己的智慧和创造力。

第二，抓住主要矛盾，解决好重点和难点的教学。顺序发展是要区别主次、分清难易、有详有略地教学。重点就是要把基本概念、基本技能作为课堂教学重点，把较多的时间和精力放到重点上。难点是针对具体的学生而言，不同的学生形成难点的原因一般不同，对此我们应该采取不同的措施，帮助学生突破教学中的难点。

第三，由浅入深、由易到难、由简到繁。这是顺序发展应该遵循的一般要求，符合学生的认识规律。无数的实践证明，教学不能"跳跃"，赶进度，而要步步为营，打好基础。学生的基础打好了，认识能力自然会提高，学习进度自然会加快，效率自然也随之提高。

（二）灵活性原则

概念是人类辩证思维的产物，而辩证思维是动态的、灵活的思维所谓动态灵活的思维就是根据要解决的问题，从多角度、多方面考虑解决问题的方法，当思路受阻时，能够迅速调整，使思维朝着目标正确地转移，思维灵活性的基础是概念的灵活性。正因为物理概念是灵活的，所以教学中必须注重运用灵活性原则。

概念教学的灵活性原则应该遵循以下基本要求。

第一，从概念的不同侧面认识和解决物理问题，要认识到一个概念在具体运用中其内涵不是一成不变的，而是随着问题的不同而有所变化，因为事物在不同的环境中起主要作用的本质属性是不同的。例如力的概念，"力是物体对物体的作用"是从力的表面现象上定义的，而"力是物体运动状态改变的原因"是从力的作用效果上定义的。

第二，概念的教学并不能以学生获得概念为目标，并不能说学生学了概念的定义就获得了概念的内涵。定义并不能完全等于概念，例如能的定义，"能是物体对外做功的本领"，并没有给出能的内涵。所以学生学习概念的内涵后，应该在解决问题时灵活运用，逐步理解其内涵。

第三，一个概念不是独立的，它与其他概念总有千丝万缕的联系。如力、功、能和动量等。因此要注意引导学生从整体联系的观点学习概念，争取达到举一反三，形成良好的学习习惯。

第四，概念是矛盾的统一，两个完全对立的概念往往能相互转化，如直线运动与曲线运动、变力与恒力、整体与部分、变质量与恒定质量等。

因此教学中要注重运用灵活性原则，训练并引导学生善于从概念的不同侧面去认识和解决物理问题，培养学生的辩证思维，提高学生解题思路的多向性和灵活性。

（三）直观性原则

直观性原则，是指教师在教学中要通过学生观察所学事物或教师语言的形象描述，引导学生形成所学事物、过程的清晰表象，丰富学生的感性认识，从而使学生能够正确理解书本的知识并发展认知能力。

贯彻直观性原则，能够使书本知识与其反映的事物联系起来。夸美纽斯曾提出：

"凡是需要知道的事物，都要通过事物本身来进行教学；那就是说，应尽可能地把事物本身或代替它的图像放在面前，让学生看看、摸摸、听听、闻闻等。"乌申斯基论证指出："一般来说，儿童是依靠形式、颜色、声音和感觉来进行思维的。"还指出："逻辑不是别的东西，而是自然界里的事物和现象的联系在我们头脑中的反映。"

直观性原则反映了学生的认识规律，给学生以感性的、形象而具体的知识，有助于提高学生的兴趣和积极性，减少学习抽象概念的困难；可以展示事物的内部结构、相互关系和发展过程，有助于学生形成科学概念，更好地深化认识和运用知识。

物理是最贴近自然的一门科学，物理概念是物理事实本质属性的反映。因此在物理概念教学中应特别注重直观性原则的运用。应用物理实验、挂图、幻灯片、录像带、电影、电视等来让学生清晰地理解物理概念。例如讲解惯性，如果学生首先没有直观的素材作为基础，则讲解起来特别费时费力，学生也难懂。有些现象无法让学生直接感觉到，如光电效应，进行概念教学时就要运用语言直观，做生动的讲解、形象的描述，给学生以感性知识，形成生动的表象或想象，起到直观的作用。语言直观不受实物的限制，但它必须借助于学生已有的相关经验和知识。如电磁波的概念就可以借助于已学过的机械波的知识来讲解突破。

（四）巩固性原则

巩固性原则，是指教学要引导学生在理解的基础上牢固地掌握知识和技能，长久地保持在记忆中，能根据需要迅速再现出来，以利于知识技能的应用。

历代许多教育家都很重视知识的巩固问题。孔子要求"学而时习之"，"温故而知新"。俄国乌申斯基认为"复习是学习之母"。巩固掌握知识是学生接受新知识、顺利进行学习的基础，是学生熟练地运用知识的条件。对物理概念的学习来说，提倡巩固性原则，没有巩固，就不可能有知识的积累，也就不可能进行复杂的创造性思维。例如，若没有学好质点的概念，后面对运动学和物体受力分析等的学习就难以进行；同样，没有学好功和能的概念，也就不可能学好后面的动能定理和能量守恒定律。

概念教学的巩固性原则应该遵循以下基本要求。

第一，不要将巩固知识与死记硬背混为一谈，巩固知识必须在理解知识的基础上进行。思维的三个层次是概念、判断和推理，没有理解物理概念，则以后的思维活动难以继续。

第二，合理地安排好复习。学习物理概念后，必须在以后的学习中安排好复习，不能想到时就复习一下，没想到时就丢在一边。

第三，复习时不能单纯地背诵和记忆，应该在运用中积极巩固，仅就原有知识复习，则学习不会有进展，只是原地踏步，甚至退步只有不断联系新知识，复习旧知识，才能在运用过程中巩固和深化已有的知识与技能。

（五）科学性和思想性统一原则

科学性和思想性统一原则，是指教学要以马克思主义为指导，授予学生以科学知识，并结合知识教学对学生进行社会主义品德和正确人生观、科学世界观教育。

科学性和思想性统一原则，是培养德、智、体全面发展人才的要求，是建设社会主义物质文明和精神文明的要求，是知识思想性、教学教育性的规律反映。知识是人们认识和改造世界的劳动成果，是人们思想和世界观的结晶，它本身既富有科学性，又蕴含思想性。

物理概念是人类文明的结晶，一个物理概念包含着科学性和思想性两方面的内容。教学过程中，必须注意到这一点，科学性是思想性的基础，不讲科学性，把错误的知识传授给学生，就是误人子弟，根本谈不上思想性；思想性是科学性的灵魂，没有思想性就谈不上科学性，因为只有正确的观点、方法，才能揭示事物的本质和规律，建立科学的知识体系，形成正确的概念。

概念教学的科学性和思想性统一原则应该遵循以下基本要求。

第一，保证物理概念教学的科学性。物理概念教学中传授给学生的知识及方法、过程都应当是科学的、正确无误的、富有教益的。一般不宜将有争议的、不可靠的知识当作科学基础知识传授给中小学生，以免造成思想混乱，妨碍基本概念和基本观点的建立。

第二，在物理概念教学中应渗透思想性教育，如根据物理概念进行唯物思想与辩证教育。例如，学习了电的知识后，可以告诉学生天空打雷和闪电的原因，破除部分学生心中的迷信思想。学习了场的知识后，要向学生强调场的物质性，培养学生的唯物主义世界观。

第三，教师必须提高本身专业素质和思想修养。俗话说："打铁必须自身硬。"要实现科学性和思想性的统一，教师本身必须有过硬的专业素质。

（六）理论联系实际原则

理论联系实际原则，是指教学中要以学习基础知识为主导，从理论与实际的联系上理解知识，注意运用知识分析问题和解决问题，达到学懂会用，学以致用。

理论联系实际是人类进行认识或学习应该遵循的一个重要原则，也是物理概念教学应遵循的原则。乌申斯基指出："空洞的毫无根据的理论是一点用处也没有的……理论不能脱离实际，事实不能离开思想。"

在物理概念教学中，主要任务是向学生传授知识，而书本知识对学生来说是一种间接经验，所以必须注重理论联系实际。只有这样才能解决好教学中间接经验与直接经验、感性认识与理性认识、学与用、知与行的关系。

概念教学的理论联系实际原则应该遵循以下基本要求。

第一，讲授物理概念后必须以概念为主导联系实际，行动必须是在理论的指导下进行。因此教学中必须引导学生掌握好理论知识，没有理论就谈不上联系实际。物理概念都来自于生活实际，反映事物的本质属性，所以很容易与实际联系起来，例如做功、速度的概念。

第二，注重培养学生运用物理概念的能力，充分利用实验的机会培养学生实际运用物理概念的能力。例如初中生刚学习密度概念时，为了加强学生对密度概念的理解，可以让学生自己测固体、液体的密度。还要重视社会实践，如让学生到工厂参观实习，让学生充分地将所学知识与实际联系起来。

第三，讲清基本物理概念，注意技能训练。在物理概念教学中要注重培养学生动手动脑能力，如果学生只会依葫芦画瓢，那么并没有真正学好物理概念。必须注重讲清楚基本物理概念，再让学生练习，提倡"精讲多练""讲练结合"，使学生更好地掌握和运用知识。

（七）可接受原则

可接受原则，是指教学的内容、方法、分量和进度要适合学生的身心发展，是他们能够接受的，但又要有一定的难度，需要学生经过努力才能掌握，以促进学生的身心发展。

我国古代墨子很重视学习上的量力而为，他提出："夫智者必量其力所能至而从事焉。"夸美纽斯认为："要去观察能力发展的次第，要使我们的方法依据这种顺序的原则。"第斯多惠讲得更清楚，他说："教学必须符合受教学生的发展水平"，"从学生的发展水平出发开始教学，并且循序渐进地……继续下去"。显然，人们从经验中懂得，教学中传授的知识只有符合学生的接受能力才能被他们理解，顺利转化为他们的精神财富。

物理概念教学中，遵循可接受原则应做到以下几点。

第一，充分了解学生，从实际出发进行教学。第斯多惠指出："学生的发展水平是教学的出发点。"教师在教学之前或教学过程中随时都要了解学生的发展水平、已有的知识与能力状况。这是教学的基点，是学生知识的生长点、可接受点。教学只有符合学生发展水平，才能被他们理解接受。心理学上有一个"最近发展区"的概念，即传授给学生的知识不能超越某个跨度，如力的教学，我们是按力→重力、弹力、摩擦力→受力分析展开的，如果直接从力跳到受力分析，则对学生来说是难以接受的。

第二，考虑到学生认识发展的时代特点。由于科技的迅猛发展，广播电视普及，报刊图书激增，学生从小获得的信息越来越多，与以前的学生相比，他们在学习之余接受了许多新知识，同时以前的许多知识现象已经淡出了他们的视野。教学中应考虑到学生的这种情况，将教学的基准点定在学生认识发展的时代水平上。例如，讲授"单摆"若还用摆钟引入，则许多学生会感到生疏，因为在生活中摆钟已经很少见了。

二、物理概念教学的基本功能

在物理教学中，处处离不开物理概念教学，不管在什么时候都要运用概念分析和解决实际问题，因此教会学生掌握好概念，对学生学习物理具有以下作用。

（一）物理概念教学可以发展学生的思维能力

概念是思维的细胞。通过老师对概念的教学，学生学好物理概念后，用它们来分析和解决实际问题，这样就可以不断地发展学生的思维能力例如，"短路"是电路问题中的一个重要概念，教材上是从对闭合电路欧姆定律的讨论来引入这一概念的，对公式 $I=\dfrac{E}{R+r}$ 中，当R趋近于零时，即外电路短路时，电流强度就趋近于 $\dfrac{E}{r}$。发生短路时，电流强度不但取决于电动势，还取决于电源的内电阻。电源的内电阻一般都很小，所以短路电流很大，电流过大，不但会损坏电源，还可能引起火灾。即使学生掌握短路的理论后，往往也不能用它来思考实际生活中的短路问题。例如，绝缘层被破坏的输电线扭在一起，电路中其他用电器的电阻并没有趋近于零，为什么发生了短路呢？某用户家内的两根输电线搭接在一起，保险丝被烧断，为什么对其他用户一般不会有什么影响呢？对这些问题只有联系实际情况，进行细致的思索，搞清用户线路与电源的关系，明确输电线电阻的分布情况，才能分清短路现象中的因果关系，理解干路短路和支路短路所引起的后果。学生在完好解决这一问题的过程中，思维就会得到很好的培养和发展。

（二）通过实验、参观、实习、练习等实践性教学活动，将理论和实际联系起来，能够培养学生的劳动技能

例如，参观离心水泵站，就会发现离心水泵离水面的距离总是小于10米，一般在5～7m，这是为什么呢？由此联想到大气压的概念：大气压的值一般在标准大气压附近波动。就标准大气压来说，最多只能支持10.34m高的水柱，离心泵离水面太高，大气压不能将水压到离心泵的壳体里，水泵的叶轮就不能把水扬至更高的地方。在考虑到各种损失后，离心泵的出水口离水面的距离一般为5～7m，即只能把水扬至高于水面5～7m的地方去。这样，联系实际问题进行各种分析，既进一步巩固了所学的物理概念，获得了某种生产知识，又培养了学生的劳动技能。

（三）通过物理概念的教学，能使学生领略物理学的研究方法

物理学中用到了各种不同的研究方法，如观察方法、理想模型、逻辑推理等在物理概念教学中，如引入概念、理解概念、运用概念等都离不开物理学的研究方法。学生在明确物理概念的意义后，运用概念解决实际问题的同时，也对相应的研究方法有所熟悉。它包括：运用这些研究方法的特点是什么？怎样从客观实际出发，运用这些方法建立物理概念？为什么研究物理问题离不开这些方法？等等。这不仅有利于学生更好地掌握物理概念，培养学生分析问题的能力，而且能为今后进一步探索新知识，解决新问题提供重要的手段。

（四）物理概念教学能提高学生学习物理的兴趣

在物理教学中，学生的学习兴趣占有十分重要的地位。"兴趣是最好的老师。"物理概念教学和学习兴趣之间的关系是十分密切的。一方面，学生的学习兴趣和积极性

提高了，就会更加主动认识概念的物理意义，更好地掌握概念：另一方面，概念的教学又可以激发学生的学习兴趣。不少学生反映"物理难学"，"学起来没味道"，其主要原因在于概念没有掌握好，以至于整个物理知识不能融会贯通，碰到问题无法运用物理知识分析解决，处处都是"拦路虎"，越学越难学。解决问题的突破口就在概念的掌握上。如果概念教学取得了成功，学生对物理概念（特别是那些基本的物理概念）搞清楚了，对概念与概念之间的区别和联系搞清楚了，学习物理规律就有了坚实的基础，物理知识就不是杂乱无章的，而是有机地结合在一起，整个物理的概念体系就会慢慢地建立起来，这样学生就不会再觉得物理学是一大堆互不相关的知识，而是有着严谨结构的科学体系。学生掌握好概念了，知识就会融会贯通，解决实际问题就会得心应手，学习的兴趣就会越来越浓，这又反过来促使物理教学质量的提高。例如，电磁感应现象是生产和生活中广泛存在的一种电磁现象，发电机、电动机、变压器、电感器等都与电磁感应现象有关。从表面看，这些电器内部发生的电磁现象千差万别，但当学生建立了"磁通量的变化率"概念之后，就能把握这些现象的本质，无论是分析电磁感应现象的发生，或是判定感应电流的方向，还是计算感应电动势的大小，只要从"磁通量的变化率"这一概念入手，即可解决这一系列电磁感应现象的问题。掌握了物理概念能大大提高学生分析问题和解决问题的能力，学生的学习兴趣必将被激发起来。

三、物理概念课型与其他课型的关系

一般在物理教学中，按教学内容，主要可以划分为概念课、规律课、实验课、习题课等四种基本课型。下面我们分析物理概念课与其他课之间的关系。

（一）概念课与规律课

物理概念、定律和理论是物理学中的精华，所以讲好物理基础知识，主要是讲好物理概念和物理规律。物理学的知识，一般可分为现象（事实）、概念、定律（包括公式、法则、原理和定理）和理论（学说）等。物理现象属于感性认识，而概念、定律和理论属于理性认识。物理概念是进入理性认识的第一步，是物理定律和理论的基础。物理规律表达了有关的物理概念之间的相互联系与严格的数量依存关系。所以学生只有掌握好物理概念才能理解物理事实，掌握物理规律，提高分析问题和解决问题的能力。

因此，根据概念是规律的基础，而物理规律反映的是概念之间的联系这一点，我们可以从以下两方面来认识概念课与规律课的关系。

第一，学好物理概念是进一步学习物理规律的前提和基础。只有抓住了物理事实的本质，掌握了物理概念，才能去分析有关物理事实的内在联系，才能掌握好物理规律，因此物理概念是掌握物理规律的基础。一门学科，就是通过一系列概念和概念间的联系建立起来的。学生学习物理学科，首先必须掌握物理概念，掌握物理学科的基

础，才能进一步学习规律。例如，牛顿第二定律是经典力学中的一条重要规律，这条物理规律与千千万万条物理事实联系在一起，但是能不能说这条规律是由大量的物理事实直接得来的呢？不能这么说。人们从大量的物理事实出发，经过复杂的思维活动，建立了"力""质量""加速度"等物理概念，在此基础上，才进一步建立了牛顿第二定律。又如，匀变速直线运动中位移与时间的关系及速度与时间的关系，是一种较为复杂的函数关系，然而它们之间的变化规律完全可以在"匀变速直线运动""即时速度""加速度"等概念的基础上直接推导出来。由此可见，在一般情况下，没有先确立相关的物理概念，要掌握物理规律是不可能的。

第二，学好物理规律有助于更进一步掌握物理概念。学生学好物理规律，为更进一步的学习打好了基础，然而对概念和规律的认识并没有结束，在利用物理规律分析实际问题时，可以更进一步地理解以往学过的概念和学习新概念。例如，我们用欧姆定律和电功率计算所遇到的电能问题时，我们必须从电阻、电流强度、电压等基本概念出发，根据电阻变化，再分析电流强度的变化及电压的变化，最后解决问题，而在此过程中，我们对概念的认识也更加深了一层。

（二）概念课与实验课

物理学是一门以实验为基础的科学，所学的物理知识，包括物理概念、定律和理论，大多是在实验的基础上建立起来的，物理知识来源于实践，它是人们通过观察、实验、分析和推理等一系列的活动总结出来的正确结论。可见，实验对于物理学来说，具有特别重要的意义。培养学生掌握一定的实验技能，初步了解物理学的实验方法，培养严谨的实事求是的科学态度，是学生今后进行科学实验和开展技术革新的重要基础。我们可以从以下两个方面来考虑物理实验与概念的关系。

第一，掌握好物理概念有助于提高学生动手实验的能力。掌握物理概念和规律是学生动手实验的前提，一个没有学好理论知识的学生，面对一堆实验仪器，束手无策，即使开始做实验，往往也会错误百出。例如画静电场等势线的实验，只有在了解静电场的电场强度、电势等概念及其关系之后，做实验时才能胸有成竹，高质量地完成实验。

第二，物理实验有助于物理概念的掌握。在物理实验课上加强物理基本仪器的使用训练，例如刻度尺、秒表、天平、弹簧秤、比重计、温度计、游标卡尺、螺旋测微计、气压表、电流表、万用电表等，这些基本物理仪器，虽然简单，但对于掌握长度、质量、温度、力、密度、电流、电压和电阻等基本物理概念是很有帮助的。

在教学中，教师应经常利用各种演示实验来帮助学生理解物理概念，例如，利用水平抛出的粉笔头演示平抛运动；手托书本演示支持力、压力；手推桌子讲解摩擦力等。对于一些较难理解的物理概念，用语言难以说清时，用一个小实验往往就可以起到让人意想不到的效果。

（三）概念课与习题课

习题课又称为习作指导课，它通常是与作业讲评课结合在一起进行习题课的主要任务是指导学生解题的方法，培养和提高他们分析问题和解决问题的能力。物理习题教学是整个中学物理教学的重要组成部分，习题包括：计算题、问答题、作图题、实验题、证明题、判断题和综合题等习题教学与概念教学两者之间的关系主要在于以下三点：

第一，习题教学能帮助学生深入理解和掌握物理学的基本概念和规律，促使学生将所学到的理论知识跟生产实际、生活实际紧密结合，在一定范围内能够运用所学知识解决若干实际问题。学生学习概念后，不使用它去解决实际问题，则很容易遗忘。例如密度概念，学过之后可让学生去解决一些生活中常见的问题，如盐水选种、测方形碑体的质量等说理题。又如学过蒸发概念后，让学生理解晒谷为什么要摊开在阳光下，衣服洗后为什么撑开挂在有阳光的空地上容易干，等等，这对于学生理解掌握概念特别有益。

第二，习题教学是联结概念教学环节的"纽带"之一。概念教学旨在学生的头脑中形成清晰、明确的物理概念。在形成概念的过程中，分清学生所熟悉的与某一概念有关的生产、生活实例；观察、认识与某一概念有关的物理现象或实验；研究与某一概念有关的物理过程，是我们经常采用的方法，而与上述方法相伴而用的多是借助于问题和习题的解答，尤其是为使学生深刻领会某一概念或弄清某些概念间的区别与联系时，更是如此概念教学离不开习题教学，因此，习题教学渗透在概念教学之中，就像一条"纽带"，把各个教学环节联结起来。习题教学的这种"纽带"作用体现着物理知识的内在联系，更体现着教学过程的内在联系。

第三，概念教学是习题教学的基础概念教学结束后，开始习题教学以掌握物理概念。但习题教学不能在没学概念的基础上进行，概念教学的目的不是为了解题，而是为了掌握知识，应用知识解决实际问题，习题教学的目的就是为了巩固所学知识。因此，必须在习题教学前做好概念教学，概念教学的好坏可以从学生做习题的情况反映出来，概念没学好，则习题教学只是空中楼阁、无源之水。

四、物理概念教学中常见的问题

（一）忽视学生的知识背景，教学中没有顾及学生的认识发展规律

在物理教学中，经常会有教师忽视学生知识背景和认识规律的情况，一些教师特别是刚参加工作不久的年轻物理教师，表现得尤为明显。他们总是觉得学生为什么连非常简单的问题都弄不懂，总是将矛头指向学生，认为学生差，没有考虑到是否是自己的教学方面存在什么问题。忽视学生的知识背景，通常表现在以下两个方面：

第一，有些教师认为，初二学生刚学物理时，物理知识对学生来说是全新的，学生在这方面的知识是一片空白，完全从头开始，从而过低地估计了学生实际上，这是

一种非常错误的观点。从建构主义的观点来看，学生不是空着脑袋进入教室的，因为个体从出生就开始了探索环境、顺应环境的活动，在这种活动中，对事物形成了丰富的经验，并建构了特定的认知图式。一旦遇到问题，他们会基于已有的经验，依据自己的认知能力，给出自己的解释或提出假设，所以在走进课堂前，任何一位教师都应考虑学生在这方面的想法和可能的知识背景，上课时注意学生的已有生活经验对教学内容的干扰，过低地估计学生，设计的教学内容过于简单机械化，不足以让学生产生努力学好物理理论的想法。

第二，人为地拔高学生的知识基础，一厢情愿地认为物理很好学，以自己为标准这种情况往往在刚参加工作的教师身上表现得特别明显，总觉得自己在台上讲的知识太简单了。殊不知，这是以自己读完大学的知识背景来看待所教物理知识，当然觉得简单，没一点挑战性。忽视了我们的对象是刚接触或是才接触物理不久的学生，完全没有站在学生的立场思考问题。

因此，我们应该充分地认识学生，研究学生，无论怎样，在一个教师面前，学生在知识上总是处于弱势地位，教师不能贪图自己心理的痛快和满足而忽视学生的知识背景和认知规律。应该注意到学习概念是一个逐渐深化的过程，学生对概念的理解是逐渐深入的，只有从整体的高度，结合学生的实际，才能搞好物理概念教学。

（二）教学中脱离教材，大搞"题海战术"，舍本逐末，不重视物理概念教学

作为物理教师，应该依据教学大纲，重视课本，充分发挥教材的作用。然而，在当前的物理教学中，特别是物理概念的教学，有些教师要么直接给出结论，要么对课本内容不屑一顾或粗略一看。总觉得一两句话，没必要花费精力讲因此上课前不好好地钻研教材，上课时照本宣科，花费大量的精力到处找些参考书，大量补充习题，找些难题、偏题教给学生，好像只有这样才能让学生学好物理，才能显示出自己的知识水平。例如曾听过一位实习教师讲"摩擦力"这一节，15分钟就教授完了静摩擦力和滑动摩擦力的一切知识，然后就开始做习题。还有一位教师给学生讲"变压器"，就直接讲了两个公式。他们认为：归根结底，高考是考题目，即使把物理课本背熟了，高考也考不及格。为了应付考试，许多教师在物理教学中，急功近利，只着眼于结论，在做了一些简要说明后，便将注意力转向习题训练。至于物理学家艰辛的实验工作、深入的理性思维、极富创造性的发现等都无暇顾及，一切仿佛从天而降。学生被动接受，物理思维能力得不到发展。

正是由于教师的这种错误引导，导致学生也不重视课本，甚至产生要学好物理就必须大量做习题的错误认识，于是收罗了一堆习题来做。其实，学生即使有幸能做出几道题，往往也是照着一个固定的模式解决了一些类型相似的习题，并没有真正弄懂何为物理，习题稍微发生一些变化便一筹莫展，在教学过程中，这样的情况经常可以遇到。

像这样忽视教材的做法是十分错误的，将物理教学引入了歧途，是无法实现物理教学所应达到的目的和要完成的教学任务的。教材看似简单，但它是实现教学目的和完成教学任务的基本工具，具有较强的系统性、较高的思想性和科学性，它对物理概念的引入和建立，都有较深刻的阐述，对物理学家经常用到的归纳、综合、类比、推理、演绎论证等物理思想和研究方法都有较详细生动的说明；通过对教材的学习和深入钻研，必会使学生得到观察、实验、思维、科学态度和科学方法的训练；必能有效培养学生思维能力、分析和解决问题的能力。如果忽视教材，过分强调做题，是急功近利、事倍功半的做法，要时刻注意。

（三）物理概念教学中割裂了形象思维与抽象思维的统一

物理概念是物理思维的基本形式。物理概念一方面作为思维的成果，反映着学生物理思维的现有发展水平；另一方面，作为思维的工具，又决定着学生思维进一步发展的潜能。物理概念历来被认为是培养物理思维能力的重要途径。

思维是人脑对客观现实的间接和概括反映，而以概念、判断和推理等形式进行思维则称为抽象思维。外界的对象、现象作用于人的大脑，会产生相应的映像，以记忆表象的形态在人的意识中保留下来，形象思维就是运用头脑中积累起来的表象进行思维的。

形象思维与抽象思维是思维的两种基本形式。物理概念应该是形象思维与抽象思维的辩证统一，因此对物理概念来说，形象思维与抽象思维是同等重要的。例如我们学习机械波的概念，既要在头脑中反映出日常生活中熟悉的水波、声波等，又不能将思维停留于此，我们还要利用波长、频率、波速等各种符号、概念来描述机械波。当然，我们也不能由此就认为抽象思维高于形象思维，有时形象思维对于我们理解概念起着很大的作用。

现阶段的物理教学中，教师和学生往往忽视了形象思维的培养，而将着眼点定位在抽象思维能力的培养上。学习新概念之初，没有充分地强调物理概念的直观性，就转入用抽象的符号表示概念，使得学生的抽象思维建立在一个不稳定的形象基础上，反而影响了以后知识的巩固。例如力的概念，我们必须在充分的现实基础上，经过形象思维，得到鲜明、活泼、清晰的物理表象，然后用抽象的符号来表示力。正是有些教师和学生割裂了形象思维和抽象思维的关系，导致有的学生到了高三，对什么是力，仍有许多不能正确认识。

对于这种现象，包括杨振宁教授在内的一些有识之士早就提出，在国内学习物理的学生必须改变读死书的习惯。杨振宁说："由于传统习惯，亚洲的学生，特别是中国的学生，喜欢复杂的推演的东西，这对自己、对科学的发展都是不利的，因为它违反了物理学的规律，物理本身是现象，而不是推演。"对于直观性，物理教育家朱正元先生曾有过精辟的论述，他认为对于物理概念、物理规律等一些理论性的东西，往往是"千言万语说不清，一看实验便分明"。著名科学家钱学森认为："直观性不仅仅是一种很好的教学手段，更重要的是，它还是学生形象思维产生的源泉。"

目前的物理概念教学中，培养形象思维能力往往在无形之中一带而过，远没有像培养学生的抽象思维那样被重视，没有摆脱忽视直观教学、轻视物理现象和物理实验的倾向，如果不注意培养学生的形象思维能力，仅注重抽象思维能力的培养，对于学生掌握物理概念是非常不利的。

（四）物理概念教学中对物理前概念的影响关注不够在物理课堂教学中

总存在这样的情况：学生带着前概念来到课堂上，教师死板地灌输给学生一些对他们来说毫无意义的所谓正确的、科学的概念，这些概念的确切含义很快被学生遗忘，物理课留给他们的不过是几个专业术语，如力、电压、矢量、场等。这样的结果，可用一只盛满水的玻璃杯和一瓶可乐来做比喻：

①一只几乎盛满水的杯子（杯子代表还未学过物理的脑袋，水则表示前概念）。

②尝一口，是水的味道！

③现在尽量把可乐倒进杯子里（好比拼命给学生灌输正确的物理概念），大部分可乐都溢出了杯子，只有很少灌了进去，杯子里的水现在呈浅棕色。

④再尝一口味道还和原来的差不多嘛，然而可乐的颜色（还记得几个专业术语）给水伪装上了一种颜色（像是已经理解了物理），因而看上去好像变成可乐了（物理知识），而实际上并非如此。

的确，在教学实践中，我们经常遇到的情况是前概念对物理教学工作的干扰，在很大程度上阻碍了学生科学概念的建立，严重地影响了物理教学的质量。因此，一般的人往往只注意到它的负面影响，而没有注意到它对物理教学的促进作用。其实，前概念的存在还是有积极作用的。下面我们就谈谈前概念对物理教学正、负两方面的影响。

（1）物理前概念对物理学习的积极作用。学生所拥有的各种形式、各种层次的前概念，许多只是对事物表面的、非本质的认识，与科学知识确实有相悖的地方。但教师在教学时不应该忘记，孩子总是从自己的角度，根据自己的经验来观察和理解世界，他们的表达方式往往"难登大雅之堂"，但对于孩子来说，却可以帮助他们解释某些特殊现象，并以此指导他们的生活即使一个从未走进课堂的人，也可以理解诸如"车不拉不走""灯泡没电不亮"的缘由，同样也知道"水往低处流""紧急刹车时，人会前倾"等。在建构主义看来，这些"常识"属于个体的精神财富，是认识和理解生活中某些特殊现象的宝贵工具。所以，教师不能一味地指责学生的前概念，而应当承认它是理解事物的一种方式，而不是学生胡编乱造的概念，学生形成它时也花费了不少的思考，它的存在是有其特殊意义的。

许多物理前概念，犹如概念的半成品，只需经过思维加工，便可形成科学概念。教学实践也证明，学生头脑中不少前概念对教师和学生来说是一种资源，我们应当把这种资源作为让学生理解新知识的"生长点"，引导学生从原有前概念中生长出新的科学概念。例如，"铁比木头重"是密度的前概念；"冬天，室外的铁块比木块的温度低"是热的良导体的前概念;"车要拉才动"是摩擦力的前概念等等。设想一个儿童,在他的头脑里对周围的物理世界没有形成一点物理表象,对物质及其运动毫无自己的理解和认识,即这个儿童根本就不具备任何物理前概念,那么他就根本无法与正常儿童一起接受物理学教育。

所以在物理教学中,很多情况下,教师正是以学生已经具备的物理前概念为基础,引导他们逐步形成概念和掌握规律的。在力学中,力的概念是在"推、拉、提、压"等观念基础上形成的;速度概念是在"快、慢"观念基础上形成的;功的概念是在"工作、劳动"等观念基础上形成的;热学中,温度的概念是在"冷、热"观念基础上形成的;热膨胀、热传递、物态变化等概念和规律也都是在学生对有关热学现象的理解和认识的基础上形成的。

物理教学的实践告诉我们,那些见多识广,有城市和农村生活经历的孩子,在大人和教师的影响下,从小就养成了勤观察、爱思考的良好习惯,学习物理既轻松又有兴趣。对中学物理教师来说,了解和研究学生已经具备的前概念,充分地挖掘和恰当地利用这些前概念,教学工作就会取得事半功倍的效果。

(2)物理前概念对物理学习的负面影响。如果前概念错误和混乱,对物理学习的负面影响也是显而易见的。由于学生在接受正式物理学习前,考虑问题往往会以事物的非本质属性作为依据,所以往往也就会形成一些模糊或错误的前概念。

例如,学生常常认为"力是使物体运动的原因","物体受力越大,速度越大"要真正从观念上彻底纠正这些错误很不容易,原因就在于学生得到这个经验是有大量"事实"作为基础的一辆静止的车子,人推它以后动了;静止不动的犁,牛拉它以后动了。如果不推、不拉,这些物体就停了下来。这一方面是学生在分析物体运动原因时,只考虑到推力、拉力的因素,而忽略了阻力的因素;另一方面在于学生对物体受力作用后由静止变为运动的情况容易观察到,印象深刻,而对物体受力作用后速度由大到小的印象不深,因而不能认识到其本质。这些就是学生产生上述错误观念的原因。

又如在"马拉车"的问题上,学生在思想上总认为"马对车有拉力,车对马没有拉力",或者"马拉车的力大于车拉马的力",他们"最有力的证据"是:反正是马拉车向前走,而不是车拉马向后退。这里,学生只是盯住了马拉车向前走这一直观的表面现象,而不愿或无法对车、马的启动过程,以及车、马与路面之间的作用力做深入而细致的分析。

对这类错误观点,只有通过物理实验,让学生重新正确、完整地观察现象,并做全面、深入的分析才能克服。

由此可见,对于物理前概念,我们不能持全盘否定的观点,必须用一分为二的观点来分析对待物理前概念这个问题。

（五）物理概念教学中不注意词语的运用，对教学用语不够重视

物理概念反映的是一类物理现象的本质属性，是人脑反映事物本质的一个思维形式，必须用词语表达出来，才能成为人类知识的一部分。概念教学必须在词语的调节、控制下进行，词语是表现概念运动（信息）的载体，借助于这种载体，信息可以凝聚、积累、传递、发展，从而被加工处理。

物理现象是丰富多彩的，但是词语却只能表达出物理现象的本质，至于物理现象、物理规律所描绘的物理图景，却因为词语定义而贮藏起来，因此，教师要在教学中注意根据书本的词语概念将其还原，以免造成学生理解上的困难。例如"惯性"概念：物体保持匀速直线运动状态或静止状态的这种性质叫作惯性，其中"……物体的……性质叫作惯性"是概念表述中的关键部分。从这里应看出，惯性是物体的固有性质即任何物体都有这种性质，即"……保持匀速直线运动的状态或静止状态的……"，这种性质与物体运动与否、受力与否乃至物体形态（固、液、气）都无关。教师在讲解概念时，必须详细地加以说明以消除学生在词语理解上的困惑。

概念能用词语描述，词语是概念的语言形式，而概念是词语的思想内容。形式和内容是相辅相成、相互联系的，割裂二者的关系，则很难掌握概念。例如万有引力是一个词语，是给一个物理概念取的名字，而这个词语的思想内容则为：宇宙中所有物体和物体之间都存在一种相互吸引的力，如太阳与行星之间、地球与月球之间的相互吸引力。仅仅知道万有引力这个词是没有用的。

但是，概念和词语并不完全等同，概念的本质并不是词语。一个词可以代表不同的概念，而相同的概念也可以用不同的词语来表示，在教学中，学生头脑中形成物理概念主要是靠教师的启发、引导，依靠教师的语言直接揭露物理概念的内涵。因此，教师在教学中就要特别注意语言的表述，以免学生产生误解。例如，物体重力势能的说法，实际上是一种习惯，表述上并不科学。教学之初，教师必须强调物体的重力势能应该是物体与地球这一系统的势能。另外有一些隐蔽条件，教师在授课时必须强调说明，如"同步卫星"隐蔽了"卫星绕地球旋转的角速度和周期与地球自转的角速度和周期相同"，"完全弹性碰撞"隐蔽了"碰撞过程中无能量损失"。还有就是惯性与牛顿第一定律，很多教师授课时没有强调两者之间的区别和联系，往往导致学生不能深入理解它们的物理意义，只能从字面上去理解它们。又例如平均速度，学生学了匀变速直线运动的平均速度，往往在以后的学习中就会误认为平均速度是速度的平均值。因此，将学生的思维引向词语中深层次的物理意义是教师的一个重要任务。

（六）物理概念教学中割裂了物理概念现象和本质的统一

唯物辩证法认为，物质世界充满着矛盾，物理概念是对客观世界本质属性的反映，也必然充满着矛盾，其中就包含着现象与本质的辩证统一。

现象与本质的对立统一是物理概念最基本的矛盾。物理现象是指可直接感知的物理事件或物理过程，而物理本质是对同类物理现象共同本质属性的抽象，它们是既对立又统一的两个方面。在物理教学中，实现概念的本质与现象的对立统一，应充分利用物理贴近自然的特点，除了要向学生提供足够多的能直接反映概念本质的物理现象和充分发挥学生学习的主观能动性、启发他们思维、引导他们从现象中揭示本质外，还要充分利用人类认知概念的心理结构——原型说，引导学生将概念与典型事例联系起来。因为典型事例本身就是物理本质与物理现象的对立统一体，利用它可以沟通概念本质与新的物理现象，达到本质对现象的解释。

根据唯物主义认识论，实践是认识的来源，概念教学中充分运用学生的生活实践。如"惯性"概念教学，在教学前，利用一两个与惯性有关的生活现象设疑引入，然后将概念本质与"汽车突然启动，人会向后倾倒"和"汽车突然刹车，人会向前倾倒"等现象联系起来，学后有利于解释"如果两辆汽车追尾相撞，那么两辆汽车上的司机受伤部位有什么不同？"等问题。

但现阶段，仍然有些教师在物理概念教学中对此强调不够，笔者根据自己的工作经历和平时的观察及听课，注意到了这一点。有些教师教学引入时讲了许多生活现象，纷繁复杂，但却没有典型性，学生往往抓不住重点，而教师讲完现象后又没有及时揭露其本质，没有及时上升到理论高度，造成了现象和理论的脱节，结果，学生的兴趣就停留在对事物现象的好奇上，留下的只是一堆没有头绪、纷繁复杂的物理场景，一旦要上升到理论高度，则不知如何处理。如有关"力"的现象是生活中常见的，其本质却是"物体与物体之间的相互作用"，如教师不及时从生活中常见的力的现象上升到力的本质，则学生在以后的学习中就会遇到很大的困难。

有的教师则是在从理论到实践这一环节没有掌握好，往往提出一个概念，也进行了详细的分析与说明，学生好像也听懂了，但没有及时结合实际物理现象加以分析，结果在遇到具体问题时学生往往束手无策。如"电磁场"概念，教师一步步分析讲解，学生对讲解过程都能听懂，但要他们自己分析时却往往丢三落四、顾此失彼。这就是在学习时没有联系实际，没有将理论及时应用指导实践，只学到一个似懂非懂的理论轮廓。

因此，在物理概念教学中应该引导学生将抽象的概念本质与具体的典型事例统一起来，让学生明白生活中的各种物理现象是有自己内在本质规律的，无论是宏观的还是微观的。同时，各种物理概念也不是凭空想象出来的，它们有着深厚的客观基础。物理概念是现象与本质的统一体，这既是理解、掌握物理概念的要求，也是培养辩证思维的基本途径。

（七）物理概念教学中割裂了物理概念个性与共性的辩证统一

物理概念的共性是指它所反映的客观事物的物理共同属性和本质特征，即物理概念的内涵。例如"力"概念的共性就是它所反映的重力、弹力、摩擦力、分子力、电场力、磁场力等各种形式力的共同属性，即"相互作用"。物理概念的个性则是物理概念外延所包含的不同事物的各个方面的特点。例如重力是由于地球的吸引而使物体受到的力，它的大小可以用 G=mg 计算，方向竖直向下；而弹力则是由于物体发生形变而产生的，它的大小与形变量有关，如弹簧的弹力用公式 f=kx 来计算，不同种类的弹力的方向有不同的判断方法。同样，摩擦力、分子力等也有其独具的特点。

在物理概念的矛盾性中，个性与共性的对立统一是物理概念最普遍的矛盾。任何物理概念都是对事物本质属性的抽象，在这个过程中，反映事物千姿百态各不相同的个性被当作偶然的、非本质的东西而撇开。从这个意义上说，物理概念的获得是共性对个性的否定，即在这个抽象思维阶段，物理概念的同一性和差异性、共性和个性是相互割裂的，它只反映了思维对象的同一性、共性，而排除其差异性、个性，但物理概念在对客观对象概括的过程中，在反映对象的同一性、共性时，并不排除对象丰富多彩的差异性、个性，因而这就需要由抽象思维上升到辩证思维，用辩证的观点来看待物理概念的共性和个性。正如列宁指出："任何一般只能大致地包含一切个别事物，任何个别事物不能完全地包括在一般之中，共性只是包含个性中最基本的、决定性的特性，个性不能全部都表现为共性。"

由于在物理概念教学中忽视了物理概念的共性与个性之间的辩证关系，一方面表现在将物理概念的共性与个性孤立起来，使原本鲜明的物理概念变成了极其乏味、枯燥的抽象概念，学生对概念的理解只停留在表层上，不能将新学到的物理概念与自己原有的认知结构建立起联系，从而不能对概念进行高效的同化和顺应，影响了学生认知结构的发展与构造，导致不能形成物理概念的逻辑体系。

例如讲授"能量"概念时，将能量的总概念与各种形式的能量分割开来，孤立地加以研究，那么就会使学生一方面感觉到所学的新概念无法纳入原有认知结构，学到的只是一个没有多大意义的符号；另一方面学生只学到一些被分割开来的概念的某一片段，不能从整体上把握能量概念。

忽视概念的共性与个性的辩证关系，另一方面表现在抹杀了概念的共性与个性的区别。教学的主要目标应当立足于学生的未来，具有前瞻性。在实际教学中，教师教给学生的应当是活的知识和技能，使其能对所学知识和技能形成正确的迁移，以利于学生将来的进一步学习和发展。

在物理教学中，由于不能将物理概念的共性和个性有机地统一起来，往往会使学生将个性的东西当成共性的东西，从而造成物理知识错误迁移。如产生弹力的条件之一是接触，但这不是力的共性。同样，摩擦力、分子力等也有其独具的特点。

因此，教学中必须将物理概念的共性和个性有机统一起来，使学生能够清晰、完整地把握物理概念，在观念中形成良好的概念体系，并对已学过的物理知识形成正确的迁移，为进一步的学习奠定良好的基础。

（）物理概念教学中割裂了物理概念量与质的辩证统一

量与质的对立统一是物理概念的又一对重要矛盾，物理概念的质是指概念的内涵，即物理本质；而物理概念的量是指定义物理概念的数学形式。物理概念与数学概念是不同的，因为数学理论的发展是以割裂其概念与外在世界的联系为前提的，而自然科学理论的发展是以建立其概念与外在世界的联系为前提的所以对于自然科学理论就存在与外在世界是否符合的问题。如爱因斯坦所言："数学只研究概念之间的相互关系，而不考虑它们对于经验的关系。物理学也研究数学概念，但这些概念只是明确了它们对于经验对象的关系，才得到物理内容。"例如 $F=k\dfrac{Q_1Q_2}{r^2}$ 和 $F=G\dfrac{M_1M_2}{r^2}$，两者的数学形式完全相同，但他们表示的物理意义却完全不同，前者为静电场的库仑力公式，后者为万有引力的计算公式。再如"点"，在数学中既无大小，也没有体积，而经典物理中质点虽没有考虑大小和体积，却具有质量的意义。

所以，一个物理概念既与经验有关，又与物理理论的构造有关，在物理学上，如前所述，这种兼具质与量的规定性的物理概念又称为物理量。一个物理量总是性质规定与数学形式的统一，而且是辩证的对立统一。在物理概念的教学中，要注意引导学生从概念的物理本质中把握数学形式。对物理量，一定的物理本质总表现为一定的数学形式，而一定的数学形式也反映一定的物理本质但两者的关系不是单一的，同一种数学形式可以表达不同的物理本质，不同的数学形式也可以表达同一物理本质。例如 $a=\dfrac{F}{m}$ 和 $m=\dfrac{F}{a}$ 就同属比值形式表达的物理量，前者反映了物体运动加速度的决定因素，它们之间存在着量上的函数关系；后者为物体惯性质量的定义式，m描述的是物体惯性质量的大小，即保持原来运动状态本领大小的物理量，可用F与a量度并计算，但m的大小不取决于F与a。可见，数学公式只是一种形式，它在物理学中所表达的物理含义必须受到物理本质的制约，脱离了物理本质的数学公式只剩下纯粹的形式，毫无意义，甚至会出现错误的理解。因此，物理教学中，应该常引导学生分析、比较这些形同质异或形异质同的数学公式与物理本质，通过具体例子加强对物理量的形式与本质的异同比较，对学生深入理解物理概念蕴含的辩证观点很有好处。

另外，还要引导学生从量变中把握质变，物理世界的变化，既有量的变化，也有质的变化，量变可以导致质变，而质变必然表现为量变。因此，在教学中引导学生从量变中把握质变，对学生正确把握质与量的对立统一有重要意义。其一，物理量的某些决定因素发生变化而导致质变，如 $F=k\dfrac{Q_1Q_2}{r^2}$ 和 $F=G\dfrac{M_1M_2}{r^2}$，当r减小到与物体线度可比拟时，则不能使用。教学中引导学生对这些事例进行分析，将有利于学生从量的变化中把握质的变化，防止学生从纯数学角度理解、运用物理概念和公式。其二，决定物理概念某种属性的环境和条件发生变化而导致质变。例如质点、理想气体、单摆、理想伏特表和电流表等，都是在一定条件下才成立的，如果与这些条件相关的因素超出其成立的范围，则事物的主要矛盾就会发生变化，所属概念范畴也会发生变化。

可见，某个物理对象、物理过程，可不可以纳入某个物理概念范畴，是与它所处的条件和环境密切相关的，当条件和环境发生变化时，对象和过程也会发生变化。因此，教学中不应笼统地讲某个对象是质点、单摆或理想电表等，而应该强调什么对象在什么条件下具有什么概念的属性。这是概念的量与质的辩证特性所决定的。

五、学生的智力因素与物理概念教学之间的关系

在学生的物理学习活动中，直接起作用的是学生的智力因素，它主要包括观察力、想象力、思维力、记忆力、注意力等，下面仅就前三个要素与学生学习的关系做些剖析，以利于教师在教学过程中采取相应的对策。

（一）观察力与物理概念教学的关系

观察通常是一种带有目的性的心理活动，而观察力则是这种心理活动的有效程度，是一种认识能力，即观察力是指人们善于通过观察活动，全面、深入、正确地认识客观事物和现象的能力。观察力与物理概念的关系主要体现在以下几点：

第一，观察是物理概念形成的基础。物理学始于观察，物理学习活动也始于观察，任何一个物理概念的形成几乎都是从观察开始的。法拉第曾指出，"没有观察，就没有科学，科学发现诞生于仔细地观察之中"。物理学习也同样必须从观察和实验开始，没有观察，就不能获得任何感性材料，就不可能进行推理、论证并做出假设，形成概念就无从谈起，因此观察是物理概念形成极其重要的一环。

第二，良好的观察力是学生学好物理概念的重要条件。实践证明，学生观察力的好坏直接影响着他们的学习成绩。虽说学生成绩落后有多种原因，但较普遍的原因是观察力差。对一些差生来说，当他们逐渐积累了较多的物理现象后，他们就有了求知欲，有了观察事物和现象的兴趣，从而将成绩提上来，从学生学习的过程来看，观察力是获得感性认识的智力条件，学生只有借助于观察力才能获取物理现象和过程的感性认识，从而进一步经过思维的加工处理形成物理概念，建立物理规律。正如爱因斯坦所说："理论之所以能够成立，其根据就在于是同大量的单个观察联系着，而理论的真理性也正在此。"因此，良好的观察力是学生形成物理概念的条件之一。

第三，观察力水平的高低直接影响着其他智力因素的发展。观察是认识的基础，是"思维的触角"。其他智力因素的发展，必须以良好的观察力为基础，否则，思维等心理活动就会因缺乏材料而得不到良好的发展，正确概念的形成也会因此而停滞。

（二）想象力与物理概念教学的关系

想象是在外界刺激的影响下，人脑中已有的表象经过组合和改造，产生出新形象的心理过程，是物理智慧中最活跃、最富传奇色彩的成分。物理学上的许多重大发现都与想象有关，正如爱因斯坦所说："想象力比知识更重要，因为知识是有限的，而想象力概括着世界上的一切，推动着进步，并且是知识进化的源泉，严格地说，想象力是科学研究中的实在因素。"

在物理概念形成过程中，许多都得益于想象活动的形象化概括。学生只有进行同

物理学家类似的想象思维，才能理解概念的实质。想象与概念的关系主要体现在以下两个方面。

第一，概念是对一类事物本质的高度概括和抽象，概念的形成是从具体到抽象的过渡过程。在此过程中，已有的表象与新表象在一定要求下进行组合与改造，形成既形象又概括的物理概念图景，这样的过程就是概念形成中的想象。

第二，思维是形成物理概念的主要心理活动，而想象与思维是相互交叉的，思维中有想象，想象中有思维。其实，想象过程就是一种形象思维的过程，学生用形象思维来理解概念，用形象思维来解决一些简单问题，只是在后来的思维活动中才进一步加以抽象，整理成逻辑的形式，并以自己的语言来概括。例如学习力、场强、电势、楞次定律时，许多人都有这种体验。

爱因斯坦的创造活动也是以想象、形象先行的。他说："在我的思维机构中，书面的或口头的文字似乎不起任何作用。作为思想元素的心理的东西，是一些记号和有一定明晰程度的意象，它们可以由我'随意地'再生和组合，……在进行可以传达给别人的，由文字或别的记号建立起来的任何逻辑之前，上述的这些元素就我来说是视觉的，有时也是动觉的。通用的文字或其他记号只有在第二阶段才能很费劲地找出来，此时上述的联想活动已经充分建立，而且可以随意地再生出来。"

（三）思维力与物理概念教学的关系

学生把观察到的物理现象和接触到的学习材料在头脑中反复加工，合理改造，去粗取精，去伪存真，把感性认识上升到理性认识，这样的心理过程就是思维。思维是物理智力活动的核心，思维力是最重要的物理学习动力思维与概念的关系主要体现在以下几点。

第一，思维把感性认识上升为理性认识物理概念是由词语（符号）所代表的、具有共同本质属性的一类物理现象或物理过程它来自于客观物理现实，是客观物理现象的本质属性在人脑中的概括和抽象反映要形成概念，获得对事物本质和规律的理性认识，必须在头脑中对感性材料进行思维加工，经过一系列比较、分析、综合的思维过程，撇开事物的非本质属性，舍去事物的一些现象和外部联系，抽象、概括出事物的本质属性，并用词语加以表示。可见，思维是形成概念，把感性认识上升为理性认识的基本心理活动方式。例如，学生对物体之间的推、拉、挤、压等作用早就有丰富的感性认识，然而如此大量的感性认识与力的概念还有本质的区别，必须借助思维才能形成对力的概念的正确认识。

第二，思维把日常概念上升为科学概念。日常概念也称为前概念，是指学生在正式接受物理教育前，长时期内所形成的自然常识、信念，以及在日常生活经验和直觉知识上建造的朴素的物理观念。科学概念是指反映事物的本质属性，含义确切深刻，在教学条件下获得的概念从日常概念到科学概念，是认识上质的转变，这个过程是靠思维完成的，积极地、多方位地进行思维，靠思维判别、过滤、去伪存真，赋予各种概念科学定义的过程。例如，对射出枪膛的子弹的认识。

第三，思维为理解概念提供逻辑方法。抽象逻辑思维的方法是逻辑学的方法。掌握物理概念的内涵和外延，理解物理概念的定义，离不开思维的逻辑方法。思维的逻辑方法告诉我们，在获得概念时，要理解概念的逻辑结构，即概念的内涵和外延。与此同时，思维的逻辑方法也为我们确切理解物理概念的定义提供了必要条件。例如对惯性的理解，先下词语定义，再揭示其内涵。

第四，思维使物理概念形成体系。通过抽象、概括、分析、综合、系统化和具体化，把新概念纳入原有知识体系，使物理概念成为认知结构网络系统的交叉点。

思维使物理概念形成体系，有利于对新概念的理解，中学生掌握物理概念在许多情况下是以概念同化的方式进行的。例如，在掌握了弹力概念之后，压力、支持力、拉力的概念就可直接给出，让学生自觉地把他们纳入已有的弹力概念范畴之中，它们既受弹力概念的限制，又是对弹力概念的分化。

思维使物理概念形成体系，也有利于记忆、强化和深化已有知识。学生初学概念时，他们的注意力常常只是指向概念所指的对象，而不是思维活动本身。只有当某一概念成为认知结构中某个体系的组成部分时，学生才能多层次、多方位地思考概念的真正含义，思考它在与其他概念的关系中处于怎样的位置，从而获得新、旧概念整体上的深入理解。例如"电动势"概念，开始只不过把电动势看成是电源产生电势差的一种功能，随着学习的深入，将电动势与能量转化和守恒定律联系起来，与化学电池原理的化学知识联系起来，与闭合电路欧姆定律联系起来，与电磁感应现象联系起来，电动势这一概念就成为学生头脑中知识结构网络中的一个网点。

由此可见，学生的智力因素与他们学习物理概念密切相关。因此，教师在进行物理概念教学时，必须给予充分的关注。

六、学生学习物理概念的障碍分析

学生在学习物理，形成概念的过程中，经常会遇到各种各样的障碍，其具体的表现主要在以下一些方面。

（一）先入为主的错误前概念

学生在学习新概念时，常常因为前概念的影响而导致科学概念难以顺利形成，其具体的表现在前文已有论述。

（二）新旧知识间由于存在"矛盾"而产生认识上的困难

例如，将一根细玻璃管插入盛水的容器中，会产生毛细现象，这一现象就和连通器原理相"违背"，同时管中水的表面在表面张力的作用下不是缩到表面积最小——平面，而是弯月面。

（三）新知识与原有知识区分不清而产生认识上的错误

例如，学生分不清速度的变化和速度的变化率、磁通量的变化量和磁通量的变化率、动量和动能、电动势和电压等。混淆物体受到的重力跟物体对支持面的压力、弹簧的伸长量和弹簧伸长后的长度等等。

（四）原有认知结构中没有相应的观念因而不能同化新知识

例如"电势"和"场"的概念，学生头脑中没有相应的观念，因而学习起来感到困难。

（五）思维定式的消极作用造成的影响

思维定式是人们思维中普遍存在的一种心理现象，它指的是人们在思维中按一种固定的思路去考虑问题，表现为人们思维的趋向性和专注性。在学习中思维定式虽有积极意义，但也有其消极影响。

例如初中和高中都讲"力"的概念，到了高中，许多学生对力有方向反倒不好理解；在讲浮力时，学生就会说飞机、风筝升空是因为浮力的作用；学生学了刻度尺、温度计后对比重计的刻度是不均匀的感到不可理解。平常学生习惯于单向思维和顺向思维，不善于发散思维和逆向思维。所以教师在教学的同时也要注重加强概念的比较鉴别，具体问题具体分析，克服心理上思维定式的消极作用。

（六）缺乏综合分析能力而造成的困难

学生由于缺乏综合分析能力，在遇到较复杂的问题时，难于理清物体系统整体与部分之间的关系，不能恰当地找出研究对象，因而理不清解题思路，对解决问题无从下手，表现为缺乏明确的目的性，喜欢靠盲目的尝试与猜测探求解题的途径，以致乱套公式。

（七）在没有完全理解物理概念的情况下，用纯数学观点来思考、处理问题

关于这一点，前文已有论述，在此不再详细说明。

（八）学习中不恰当的类比和推理，形成"想当然"

学生经常会因为不易感知的事物而回忆或联想某些类似的感知事物，如果是生搬硬套地凑合，就会形成错误的概念，即"想当然"。例如，认为摩擦力就是"阻碍物体运动的力"；踢出的球往前运动是因为还受到一个向前的"冲力"作用；运动的物体才有惯性；等等。

（九）学生在直观教学中产生新的错误认识

直观教学是物理教学的重要形式，一般分为实物直观、教具直观和语言直观。但是在教学中应用时，往往很难全面准确地反映客体的全部特征，因此造成学生认识上的错误。例如，讲解稳恒电流时常用水流作为比喻，对于理解电流形成的原因、电流具有方向性和电流会受到阻碍等起到促进作用，但是导体中的电流是由正电荷和负电荷两种电荷的流动形成的，这是水流所不具备的。

（十）解决问题时抓不住关键环节

解决物理问题时总是从初始状态出发，经过一些中间状态，最后达到目的状态。解决问题主要是对中间环节进行搜索，一步一步地靠近目的状态。例如对平衡问题的分析，往往是先从对不平衡问题分析开始，学生对这类问题的思维方法不习惯，因而出现障碍。

（十一）不善于寻找替换方案

在运用物理概念与规律解决问题的时候，最重要的起始环节就是要确定研究对象，在一般情况下，待求的问题与研究对象有直接关系，确定研究对象并不困难，但有时待求问题与研究对象并无直接关系，需要转换研究对象，这时如果不能找到恰当的替换方案，就会造成思维过程中的障碍。如研究书本对桌子的压力，不能选取桌子为研究对象；研究一个人荡秋千时对秋千板的压力，要选取人为研究对象。

七、物理教学中应对前概念的策略

在物理教学中，转变学生的前概念，就是要改造和重组学生原有的认知结构。根据建构主义的观点，学生认知结构的改造和重组过程就是认知发展进行同化和顺应的过程。教师应该怎样利用教学，使学生的前概念经过同化和顺应的过程转变为科学概念呢？这就要求教师了解学生的思维特点，树立建构主义的教学观，用建构主义的教学思想进行教学。

建构主义者根据自己的教学思想，提出了自己的教学模式，即"在教学活动中，以学生为中心，由教师主导，利用情境、协作、会话等学习环境激发学生的主动性、积极性和创造性，最终达到使学生能有效实现对当前所学知识的意义建构"。要转变学生的前概念，教师应该从以下几方面入手。

（一）合作学习——全面了解前概念的途径

要转变学生的前概念，首先要了解学生拥有什么样的前概念，对教师来说，只有了解了学生的前概念才能采取有效的策略去转变学生的前概念。对学生来讲，只有知道自己哪方面存在前概念，才有可能去更正它。要实现教师和学生的沟通，就要采用合作的学习模式。

建构主义者重视教学中教师与学生以及学生与学生之间的相互作用，合作学习在教学中被广泛采用。建构主义认为，每个人都在以自己的经验为背景建构对事物的理解，因此只能理解到事物的不同方面和某些方面，不存在唯一全面的理解，教学中要使学生超越自己的认识，看到那些与自己不同的理解，看到事物另外的侧面，以期学生能更全面、深刻地建构事物的意义。

学生和学生之间的讨论交流，可以在横向上了解到其他同学对事物的理解，相互补充，不断反思自己的思考过程，对各种观念加以组织或重组，有利于自己建构能力的发展。而教师与学生之间的对话和交流，可以让教师了解到学生对事物的理解，同时根据学生的看法，洞察这些想法的由来，并以此为据，在纵向上引导学生丰富或调整自己的理解。

因此合作学习能够使我们全面了解学生在物理教学中存在的前概念，对教师的教学大有好处，实施合作学习的教学模式要充分利用课余时间组织进行，为课堂上的教学打下基础。

（二）情境性教学——转变前概念的基石

怎样才能有效地转变学生的前概念，调整或重组他们的思维结构呢？建构主义的情境性教学模式就是一种很好的方法。首先，这种教学使学习在与现实情境相类似的情境中发生，并以解决学生在现实生活中遇到的问题为目标。其次，这种教学过程与现实问题的解决过程相类似，要求教师不是将提前准备好的内容教给学生，而是在课堂上展示出与现实中专家解决问题相类似的探索过程，提供解决问题的原型，并指导学生探索。最后，情境性教学不需要独立的测验，而是采用融合式测验，因为在学习中对具体问题的解决过程本身就反映了学习的效果。

为什么说情境性教学是转变学生前概念的基石？因为学生的前概念是在生活的具体环境下建立的，在教学中用他们获得前概念的真实问题做实例，可以引起学生思想上的共鸣和思维上的冲突，从而建立起科学概念。例如"摩擦力"，许多学生就认为它是阻碍物体的运动，可以利用那些引起他们产生前概念的现象，激发他们的思维；又如"位移"概念的建立，可以让学生想象运动员投标枪、推铅球能否用路程来衡量，在学生的思维感到茫然时，适时引导他们建立起位移的概念。

（三）随即通达教学——强化、巩固科学概念的方法

物理教学的关键就是要让学生建立起来的物理概念全面、深刻地停留在学生的头脑中，建构主义的随即通达教学为我们提供了这一解决教学关键的方法。

建构主义认为，在学习过程中，由于对意义的建构可从不同的角度入手，从而获得不同侧面的理解；同时，在运用已有知识解决实际问题时，又存在着概念的复杂性和实例间的差异性。任何对事情简单的理解都会漏掉事物的某些方面，而这些方面在另外情境中，从另一角度看时可能是非常重要的。因此由于事物本身的复杂性和多面性，要全面深入地了解一件事物的内在性质和相互联系是很困难的，为了克服这方面的弊端，斯皮罗等人根据对高中阶段学习的基本认识提出了随即通达教学。

随即通达教学认为，对同一内容的学习要在不同时间内多次进行，每次的情境都是经过改组的，而且目的不同，分别着眼于问题的不同侧面。学习者可随意通过不同途径、不同方式进入同样内容的学习，从而获得对同一事物或同一问题的多方面的认识和理解。显然，学习者通过多次"通达"同一教学内容，将能达到对该内容所涵盖的知识有比较全面而深入的掌握。这种多次"通达"，与传统教学中只是为了巩固一

般知识、技能而进行的简单复习不同，这里的每次"通达"都有不同学习目的，都有不同的问题侧重点。在这种学习中，学习者可形成对概念的多角度理解，并与具体的情境联系起来，形成背景性经验。因此，多次"通达"的结果，绝不仅仅是对同一内容的简单重复和巩固，而是使学习者获得对事物全貌的理解和认识上的飞跃。

教学实践证明，建构主义的随即通达教学能强化、巩固科学概念，它对学生起积极作用的过程可以这样表述：进一步让学生信服物理概念更正确，适用范围更广，先是在定性问题上，然后在定量问题上也是更加符合事实；让学生再一次把自己的前概念与物理概念对照比较，让学生发表看法，因为只有通过讨论，才可能知道他们是否真正明确了课堂上所讲的内容；让学生意识到自己脑子里发生的转变，同时认识到这种戏剧性的变化是智力发展中不可缺少的过程；让学生把所学的知识运用到有意义的日常生活中去。

一般来说，以上的教学方式比传统的教学方式要麻烦，实施起来困难要大得多。但是，要让学生真正了解科学物理概念，教师只有耐心细致地备好每一堂课，认真揣摩学生的学习心理，牢记诺贝尔奖得主韦斯科夫讲过的一句话："好的物理教学至少和好的物理研究一样重要，但前者也许更为困难。对一个教师来说，学生掌握好物理概念是对自己努力付出的最好回报。

第三节　物理概念教学的方法策略

新课程理念下的物理概念教学要以学生为中心，以培养学生的全面发展、提高全体学生的科学素养为目的，在教学中应落实三维教学目标，注重教学方式多样化和学习方式多样化，下面具体来谈谈新课程理念指导下物理概念教学的方法策略。

教学方法策略是指教学主体自觉地对教学活动及其因素进行宏观与微观的统一计划、评价与调控，以追求最佳教学效率的计策和谋略。在课堂教学中，教师只有恰当地运用教学策略，才能真正提高教学的有效性。有效的教学方法策略是教师实施有效教学的基本前提。

一、物理概念教学的一般过程

物理概念的教学过程是一个值得研究的重要课题，下面我们结合加速度概念来具体地研究物理概念教学的一般过程。

（一）深钻大纲和教材

物理概念的教学应该依据大纲的要求，钻研教材。总的来说，就是理解教材上出现的物理概念的目的性和科学性，即研究在物理学中为什么要提出这一概念，概念怎样被科学地表达出来，它在物理学中的地位和作用如何具体地说，要认真钻研以下几个方面：第一，弄清与物理概念有关的物理事实（包括物理实验），即弄清确定物理概念的依据。第二，要明确由这些物理事实提出的哪些问题需要进一步研究，即明确引入概念的必要性。第三，研究中采用了什么手段和方法。第四，对于概念的定义要逐字逐句地进行推敲，从而全面、准确地弄清它的物理意义，特别要明确概念的适用条件对于其中的物理量、单位等也要有所掌握。第五，弄清关系密切的概念之间的区别，弄清某个概念与教材上前后有关概念之间的内在联系。明确某个概念在教学中的地位，它是否为重点、难点和关键。领会教材中概念的广度与深度，把握好教学的分寸。第六，运用概念来分析解决实际问题，讲授哪些例题和习题，解释哪些日常现象，针对所教班级的特点，还应当补充哪些问题。

例如，在讲授加速度前，教师必须仔细地研究教材和大纲，根据物理概念的目的性和科学性，考虑以下几个问题：为什么要引入加速度？利用实验、生活现象怎样引入加速度？加速度是怎样表述的？加速度在整个物理学中的地位如何？怎样将加速度与前概念区别开？等等。这些问题是在教学备课时，教师必须认真思考的。

（二）从具体实例出发引入概念，抓住现象的本质特征来形成物理概念

概念引入是概念教学中的一个重要环节。任何物理概念都是建立在客观事实的基础上，教师应根据实际情况，在讲解物理概念时，尽可能地选择典型的、具有本质特征的实验和事例，并从这些具体事例或实验出发，使学生对物理现象获得清晰的印象，然后通过教师分析，揭示物理现象的本质，从而使学生从具体的感性认识上升到抽象的理性认识，形成物理概念。

例如，讲到加速度，教师可以从生活中看到的速度发生变化的现象出发，如汽车刹车、火车出站、竖直下落的物体等等。做实验也很容易成功，例如课堂上教师可以利用弹簧秤加速拖动小车或者打点计时器做实验，引导学生分析物体速度的变化情况，根据现象揭示其中隐藏的本质，自然地在脑中形成加速度的概念。

对于一些不能利用实验引入的概念，也可以联系日常生活中的实际现象类比引入，例如"量子"的概念，一般学生在听过几节课后就被复杂的公式符号弄得晕头转向，连究竟什么是量子、为什么称为量子都弄不懂，实际上关于量子概念在生活中同样也有可类比的实例，例如上楼梯，1次必须上1级台阶，不可能为半级；买商品付款最小单位为1分，不可能付零点几分钱；同样原子核的质量由中子和质子质量相加而成，质子与中子的质量约为$\Delta m=1.66\times10^{-27}$kg，因此一个原子核的质量必为nm，n不可能为小数。在引入量子前将这些日常实例提出来，可以让学生有一个感性认识，对量子概念的理解也就容易多了。

（三）揭示概念的本质，着重引导学生理解物理概念的物理意义

"感觉到了的东西，我们不能立即理解它，只有理解的东西才能更深刻地感觉它。"教学实践表明，学生只有理解了概念才能牢固地掌握好。因此教学中教师必须揭示概念的本质，帮助学生理解概念。揭示概念的本质，关键在于两点：第一，引导学生正确思维，即在学生形成概念时必须引导学生正确进行分析、比较、综合、概括、抽象、推理等一系列思维活动。第二，×对待概念的定义，概念的定义揭示了概念所反映的事物的本质状况，因此需要用语句把事物最主要的要点表达出来，从定义入手认清概念与其他知识之间的联系。

一个概念的物理意义理解不清楚，是难以掌握好概念的。例如，学生往往将加速度概念与速度混为一谈，错误地认为：加速度即增加出来的速度，速度越大，加速度也一定越大；速度小，加速度也一定小；速度为0，加速度也为0；一切快慢不变的运动的加速度等于0。这些都是由于学生对加速度的物理意义理解不清造成的因此，教师在教学时除了要反复强调加速度的物理意义、说明其定义、揭露其本质外，还要多举日常实例，使学生真正明白"速度改变"和"速度改变快慢"的含义。着重指明：加速度是表征做变速运动的物体速度改变快慢的物理量，与速度改变量和完成这段速度变化所用的时间 Δ_t 有关，是用速度改变量跟发生这个改变所用时间之比来表示的，即 $a=\dfrac{\Delta_v}{\Delta_t}$。讲述了加速度的物理意义和表达式之后，还必须指出 a 与 Δ_v 及 v 之间的关系，以加深学生的印象。

（四）联系实际，运用概念

学生学到新概念，如果能与实际结合起来，解决生活中的问题，则可让学生更好地掌握概念，单纯的习题训练会将学生的思维限制在书本理论中，看不到身边丰富多彩的物理现象。如果学生将目光投向自然世界，而且能运用概念解决一些问题，必定会对物理产生浓厚的兴趣，表现出强烈的探索欲望。

在应用新概念时应充分发挥学生的想象，拓展学生的视野，例如，学过加速度概念后，不能仅仅就书本上的习题训练完事，应该指导学生分析生活中的一些物理现象，如火车出站、汽车起步、汽车的追赶等问题，还可以提出一些研究性问题，如"有些国家的交通管理部门为了交通安全，特制定死亡加速度为500g（$g=10m/s^2$），即行车加速度超过此值，将有生命危险，一般在发生交通事故时，车辆的加速度将会达到这一数值，试分析，当两辆摩托车以36km/h的速度相撞，碰撞时间为 2×10^{-3}s，驾驶员是否有生命危险？"这样的例子既贴近生活，又能吸引学生的注意。又如在热力学中学过了"熵"的概念，可指导学生参阅课外书籍，让学生了解"熵"在信息理论、系统论、宇宙学等理论中的应用，加深学生对"熵"这一概念的理解不过，在联系实际运用概念的过程中应该考虑到学生的实际水平，提出的问题要适合学生，这样才能充分激发学生学习物理的兴趣。

（五）注意概念形成的阶段性，逐步深化

一个完整物理概念的形成，在许多情况下并不是一次就能讲深、讲透、讲彻底的，它有一个由浅入深、多次反复的过程，所以我们应该根据学生年龄特点的不同，采用直线式与螺旋式上升相结合的课程结构一些非重点知识，如流体力学、物态变化和几何光学，采用直线式，而一些重点内容，如运动和力、功和能、电磁感应等，则采用螺旋式上升的结构，初中只讲简单现象，着重于定性了解，而高中则进一步讲基本概念和基本规律，着重于定量描述，使物理概念逐步深化。

学生对物理概念的认识，不可能一下子就理解得很透彻，只能是从简单到复杂，逐步加深。所以在讲述物理概念时，必须注意形成概念的阶段性，由浅入深，多次反复。例如"加速度"概念，开始是在运动学中，利用生活中的常见现象引入加速度；然后，在讲牛顿第二定律时，将物体的加速度与物体所受到的合外力联系起来，揭示加速度产生的原因，对加速度的理解进一步加深；最后，让学生明白加速度是动力学的一个基本概念，反映物体运动状态的变化。经过这样一个过程，学生对加速度的掌握就比较全面，而且也更容易理解它的物理意义。关于"力"的概念也是这样，初中只讲"力是物体间的相互作用"，初步指出力是改变物体运动状态的原因；到了高中再进一步把力和物体运动状态的变化联系起来，指出力是使物体产生加速度的原因，并用F=定量描述，这样逐步深化，是符合学生认识规律的还有"动能"概念也是如此。

二、物理概念教学的创新策略

对一个物理概念的学习，从它的产生、表述、理解再到应用，往往需要经历若干教学环节才能完成如果某些教学环节不到位，往往会使学生对概念的认识产生偏差。例如，有的教师只重视概念的应用，不重视概念的获得过程，课堂上一味地进行解题训练，这样的教学往往让概念"横空出世"，学生不能真正理解概念的内涵；因此，物理概念教学必须整体设计，根据有经验老师的总结，可以归纳出一套整体设计的总体策略，将其整理为表4-1。

表4-1　物理概念教学设计的总体策略

步骤			教学手段与策略说明
	1	为什么要引入这个概念？如何引入这个概念？	巧设情境，引入概念
	2	它是怎样表述的？有定义式吗？	①抓关键字，把握内涵 ②下定义的策略（如用比值法）
	3	这个概念和以前的概念容易混淆吗？	列表比较
	4	这个概念有何应用？	把握概念的外延，并进行理论联系实际的教学
对物理量而言	5	看看它是哪种类魁的物理？	判断： ①是基本量还是导出量？ ②是矢量还是标量？ ③是过程量还是状态量？ ④是常量还是变量？

6	这个物理量的单位是什么？ 从单位能看出它的物理意义吗？	①注意符号的规范书写，如大小写（正体） ②注意国际单位制与常用单位的换算
7	求解这个物理量有哪些策略或途径？	组织学生从不同角度归纳总结
8	如何测定这个物理量？ 是直接测量还是间接测量？ 有几种测量策略？	进行实验课题探究
9	这个物观量和别的物理有何关系？ 这种关系将反映出什么样的物理规律？	课堂延伸

需要强调的是：一是在具体应用这种策略教学时，不宜千篇一律，否则容易导致僵化往往需要与多种教学策略配合起来，这样课堂才会有活力。

二是概念教学不是一步到位的，必须根据学生实际（不同基础的学生）及课塑确定合适的目标，这样教学才有针对性。

三、物理概念教学的创新模式

有经验的教师总是能根据不同的概念，采用不同的教学模式组织教学。常见的概念教学模式有以下几种。

（一）"子概念—概念"模式

一个物理概念的获得有时是建立在子概念基础上的。牢牢抓住子概念进行教学，然后由子概念引出新概念，才能达到掌握概念的目的，这就是"子概念—概念"教学模式的特点。

物理概念之间是有关联的，它们组成了一定的概念体系。从概念体系的建构特点看，一个概念的建立往往会成为另一个概念建立的基础。抓住概念之间的这种建构关系，可以有效地组织教学。下面举例说明。

"弹力"概念教学（子概念—形变、弹性形变）

第一步：从认识"形变"的事实开始（教师呈现一组"形变"的事实）。

（1）弹簧的形变——明显的拉伸与压缩形变（为进一步学习胡克定律做准备；

（2）箭弓、钢锯片的形变——明显的弯曲形变；

（3）桌面的形变——微小的弯曲形变；

（4）细软线的形变——微小的拉伸形变；

（5）钢丝的形变——明显的扭转形变（为以后理解卡文迪许扭秤实验以及库仑扭秤实验埋下伏笔）；

（6）篮球的形变——能完全恢复原状的形变；

（7）橡皮泥的形变——不能恢复原状的形变。

第二步：给"形变"下定义，并将"形变"进行分类（师生交流讨论）。

大体从以下三个角度进行分类。

（1）按发生形变的力的效果分：拉伸形变、压缩形变、弯曲形变、扭转形变；

（2）从形变的明显程度分：明显的形变、微小的形变；

（3）从发生形变后能否自动恢复原样分：弹性形变与塑性形变。

第三步：引入子概念——给"弹性形变"下定义，进一步介绍"弹性限度"。

第四步：利用"弹性形变"，给"弹力"下定义（师生互动）——发生弹性形变的物体，由于要恢复原状，对跟它接触的物体产生力的作用，这种力叫作弹力。

第五步：理解弹力产生的条件。

（1）首先由学生从定义中找关键字，归纳出两个条件：第一要直接接触；第二要发生弹性形变。

（2）然后联系实际，列举接触而无弹力的实例进行讨论（这是学生最容易犯的错误）。

第六步：课题研究（实验）——显示微小形变的方法。指导学生设计多种方案来显示微小形变。

这个案例，可以让学生知道怎样从大量的事实表象中一步一步归纳抽象出"弹性形变"和"弹力"这两个概念，为进一步学习弹力的大小和方向打下良好的基础。

（二）"理论—生成"模式

这种教学模式的特点是：不用归纳与抽象，而是根据物理量之间逻辑性的内在联系，从某些已知的理论模型中自然生成新的概念。下面举例说明，定义动能的表达式。

问题一：什么是过程量？什么是状态量？它们之间的关系是什么？在位置、位移、温度、热量中，哪些是过程量？哪些是状态量？它们之间是什么关系？

解答一：与某一段时间对应的物理量是过程量（如位移、热量），与某一时刻对应的物理量是状态量（如位置、温度）它们的关系是：过程量=状态量的变化。

问题二：功是过程量还是状态量？能量是过程量还是状态量？功和能是什么关系？

解答二：功是过程量，能是状态量，功是能量变化的量度。

问题三：用水平拉力F拉一个光滑水平面上质量为m的物体，物体沿直线运动一段位移s后，速度从v_1变为v_2，求这个过程中力F做的功W（反映力的空间积累效果）。

解答三：根据牛顿第二定律和匀变速直线运动的规律。

由此可见，这种概念的获得方式往往与某种规律的诞生（如动能定理）捆绑在一起，可以说是一箭双雕式的教学设计，类似的还有冲量、动量、重力势能、弹性势能的概念的获得。

（三）"实验—探究"模式

有些物理量是根据另外两个量定义的，而且这些量比较容易测量，如密度、压强、电阻、折射率等。这种教学模式是以实验为基础，采用探究的方式进行，不仅能调动学生学习的积极性，更重要的是通过测量的手段，使学生认识到从定性到定量是人类认识事物的重要方法。这样的概念教学"实验—探究"模式比较适合。模式操作图如图所示。

问题→实验→结论→概念的产生

下面举例说明。

电池内阻

【提出问题】

教师：通过以上的学习，我们了解到电动势是反映电源本身属性的物理量，那么还有没有其他的物理量描述电源本身的特性呢？请同学们完成以下一组实验。

【实验】

教师在讲台上演示

实验一：用一节 1.5V 干电池能否使氖泡发光？

实验二：如果用果汁电池或牛奶电池能否使氖泡发光？

教师在下面巡视，随即请同学们汇报实验结果学生：用干电池能使氖泡发光。

学生：用水果电池或牛奶电池不能使氖泡发光。

教师：为什么？

学生：电动势不够大，

教师：同学们有没有办法能使果汁电池和牛奶电池的电动势达到 1.5V 以上？

学生：将果汁电池和牛奶电池串联。

教师：太棒了！真精彩！请同学们继续做实验。

教师：当我们把果汁电池和牛奶电池串联后，氖泡发光了吗？

【结论】

学生：没有。

教师：电源电动势达到 1.5V 没有？我们接入传感器测量一下。

学生：达到了。

教师：为什么不能使氖泡发光呢？

【概念的产生】

学生：电源里面有内阻。

教师：太棒了！从实验中我们知道，描述电源本身属性的物理量不仅有

电动势，还有内阻下面请大家集中注意力来观察一个演示实验

教师：这是果汁电池，我们来测量一下它的电动势，测量出电动势 0.96V，加入稀硫酸后，电动势是多少？

学生：0.98V。

教师：大家猜想一下能否使氖泡发光？

学生：不能/能。

教师：来验证一下你们的猜想。（接入氖泡，发现氖泡发光了）

教师：请大家解释一下为什么氖泡发光了？

学生：内阻减小了。

教师：加入稀硫酸是如何减小果汁电池内阻的呢？有待同学们课后去探索。

（四）"类比—迁移"模式

除了"实验—探究"模式，我们发现还有一些物理量，虽然也是利用另外两个物理量的比值定义，如电场强度、磁感应强度、电动势、比热容、电容等，但由于另外的两个物理量直接测量起来并不方便，因此一般采用其他教学模式，这里介绍的"类比—迁移"模式就很适用。

类比就是人们根据两个对象之间某些方面的相同或相似，推导出它们在其他方面也可能相同或相似的一种认识事物的思维方法。

类比不同于归纳、演绎等一般的逻辑推理，它的逻辑依据是不充分的它超越了"一般"这个中介，表现在逻辑中断时另辟蹊径，打破常规，出奇制胜，它能帮助人们利用已知系统的物理规律去寻找未知系统的物理规律，可以增强说服力，使人们容易理解，类比使一种学习对另一种学习产生了促进作用，这就是学习的迁移。在物理概念教学中，"类比—迁移"模式以其创造性而独树一帜。

物理学中存在着力—电类比、电—磁类比、声—光类比等。类比方法使用得当，会产生事半功倍的效果。

下面举例说明，见表4-2。

电源电动势（小球—正电荷）

（教师简称"师"，学生简称"生"）

师：请大家看这个自制教具——让小球在电机带动下提升，然后停止供电，让小球循环从高处滚到低处，小球在重力作用下会自发地从高处运动到低处，那么：

在这一过程中能量是如何转化的呢？

生：重力势能向动能、内能等其他形式的能转化师：到达低处的小球能否自发地回到高处呢？

生：不能。

师：同学们有没有办法帮小球回到高处？

生：用手，生物能转化为重力势能；用弹簧，弹性势能转化为重力势能；用滑轮、杠杆，机械能转化为重力势能；用电动装置，电能转化为重力势能……

师：（展示PPT）无论用什么办法，都有一个向上的力作用于小球，并对小球做正功，使得其他形式的能转化为重力势能；

师：我们再来看看这个装置——简单的回路（闭合开关）。

表4-2 磁感应强度（电—磁类比）

类比		静电场	磁场
相似属性	1	正、负两种电荷	N、S两种磁极
			同名磁极相互排斥，异名磁极相互吸引
	2	同种电荷相互排斥	
		异种电荷相互吸引	同向电流相互吸引，反向电流相互排斥
	3	静止电荷产生静电场	运动电荷产生磁场
	4	对放入其中的电荷产生电场力	对放入其中的磁体或电流产生磁场力
类比推理		为了描述电场的强弱和方向引入电场强度	为了描述磁场的强弱和方向引入磁感应强度
		引入试探电荷 q	引入电流元 IL
		利用比值定义：$E=\dfrac{F}{q}$	利用比值定义：$B=\dfrac{F}{IL}$
		确定单位：N/C	确定单位：T
		确定E、厂的方向关系	确定B、F的方向关系——左手定则
		孤立点电荷的电场：$E=k\dfrac{Q}{r^2}$	无限长通电导线的磁场：$B=k\dfrac{I}{r}$
		匀强电场	匀强磁场
		电场线——不闭合、不相交	磁感线——闭合、不相交

师：电路中实质上是哪种电荷的定向移动？（电子）人为规定正电荷的运动方向就是电流的方向，因此我们以正电荷为例，来讨论下面的问题这两个装置有明显的相似之处，电路中的什么类似于玩具中的轨道？

生：导线。

师：电路中的什么类似于玩具中的传动装置？

生：电源。

师：太棒了！请同学们相互讨论一下，运用类比的方法，将自己的推测写在学案上。

师：这两个装置有明显的相似之处（打开玩具开关），请同学们运用类比的方法，根据小球在玩具中的运动，推测出正电荷在电路中的运动。大家可以相互讨论。（见表4-3）

表 4-3　电源电动势（小球—正电荷）

对比项	玩具中	电路中
对象	小球	正电荷
轨道	在重力的作用下	在电场力的作用下
	重力势能转化为其他形式的能	电能转化为其他形式的能
传动装置	提供一个向上的力作用于小球，这个力对小球做正功	提供一个力给正电荷，这个力对正电荷做正功
	其他形式的能转化为重力势能	其他形式的能转化为电能

师：刚才通过类比法推测出了电源的作用，电源提供一个力，这个力做正功，将其他形式的能转化为电能。我们用刚刚学完的电场知识再来推敲一下这个结论，我们来研究一下电源的内部

师：请大家思考，电源为什么能使正电荷从负极到达正极？

生：因为电源提供了一个力作用在正电荷上。由于这个力的性质与电场力不同，习惯上称这个力为非静电力。

师：非静电力做正功还是负功？

生：正功。

师：假设这就是果汁电池，它两极间的电压为 0.96V，那么非静电力移动 +1C 正电荷从电源的负极到达正极，非静电力做功是多少焦耳？将会有多少焦耳其他形式的能转化为电能？

生：0.96J，0.96J，（黑板板书：果汁 +1C0.96J）

师：牛奶电池两极间的电压为 0.62J，那么移动 +1C 正电荷，非静电力做功是多少焦耳？将会有多少焦耳其他形式的能转化为电能？

生：0.62J，0.62J，

师：很好！（黑板板书：果汁 +1C0.96J 牛奶 +1C0.62J）

师：哪种原电池转化能量的本领大呢？

生：果汁电池。

师：老师有不同的看法因为如果牛奶电池移动 +2C 正电荷时，非静电力做功为 1.24J，那岂不是牛奶电池比果汁电池转化的能量多了吗？同学们有没有不同的看法？

生：还是果汁电池，因为当 +2C 正电荷从果汁电池的负极到达正极时，就会有 1.92J 其他形式的能转化为电能。

师：老师被这位同学说服了那么我们该如何来描述电源转化能量的本领呢？

生：用比值。

师：太棒了！用比值 $\dfrac{W_{非静}}{q}$ 来表示。这个比值反映了电源将其他形式的能转化为电能的本领，人们把它叫作电动势，用 E 来表示。

师：因此电动势的定义式写为：$E=\dfrac{W_{非静}}{q}$，这就是我们物理学中常用到的比值定义法。

师：根据这个比值，可以得知电动势的单位应是什么？

生：伏特。

（五）"甄别—归纳"模式

有些概念，如瞬时速度、加速度、失重、浮力、向心力、功、热量、波速、交流电的有效值、磁通量等，引入后容易在理解上出现偏差，这种偏差表现在三个方面：①前概念造成的干扰，新概念容易与学过的某些概念混淆，或与日常生活的经验冲突，形成认识上的错觉；②暂时不知道引入这个概念的目的是什么，或对概念的产生感到突然；③教材中没有对概念给出严格的定义，只对它进行了一般性描述。在遇到这样的概念时，可以用"甄别—归纳"模式来教学。

下面举例说明。

一对相互作用力与一对平衡力：

在讲力的概念和学习牛顿第三定律的时候，都涉及对"一对相互作用力"的理解问题，学生往往容易将其和"一对平衡力"混为一谈，教师可以启发学生对此进行讨论。

教师：放在水平桌面上的书，哪些力是相互作用力？哪些力是平衡力？

学生：书对桌面的压力和桌面对书的支持力是一对作用力和反作用力书受到的重力和支持力是一对平衡力。

教师：很好。那么压力和支持力都属于什么性质的力？

学生：弹力。

教师：很好。那么重力的反作用力作用在什么对象上？它们的性质相同吗？

学生：重力的反作用力作用在地球上，它们都属于万有引力。

教师：太好了。如果我现在对书施加一个慢慢增大的水平推力，但始终没有推动书。那么还有哪些相互作用力和平衡力出现？

学生：手对书的推力和书推手的力是一对相互作用力，书对桌面的静摩擦力和桌面对书的静摩擦力也是一对相互作用力，手对书的推力和桌面对书的静摩擦力是一对平衡力。

教师：没错，如果推力继续增大，书开始加速运动起来了，以上情况会有什么变化？

学生：手对书的推力大于桌面对书的摩擦力，它们不再是一对平衡力。

（至此，教师可以设计如下表格框架，让学生分组讨论，完成表4-4内容）

表4-4　一对相互作用力与一对平衡力

比较	一对相互作用力	一对平衡力

共同点	大小相等、方向相反、	作用在一条直线上
	两个力性质一定相同	两个力性质不一定相同
不同点	两个力分别作用在不同物体上	两个力一定作用在同一物体上
	两个力共生共灭	两个力没有共生共灭关系
	两个物体不一定处于平衡状态	两个力使物体处于平衡状态

"甄别—归纳"教学模式应用非常普遍，实际上人类认识事物的能力就是从不断的比较和辨别中发展的。表4-5列举了一些容易在认识上产生偏差的物理概念。

表4-5　容易在认识上产生偏差的物理概念

概念	认识上的偏差
加速度	初学者容易错误认为加速度就是增加的速度，将其与速度的变化量混为一谈，认为速度变化越大，加速度就越大
角速度	与转速混为一谈
重力	与万有引力混为一谈
重心	与质心混为一谈（中学没有对质心进行准确的描述）
失重	认为失重就是失去重力
摩擦力	认为摩擦力一定是阻力
向心力	认为是在圆周运动中新出现的某种特殊性质的力，在受力分析时容易额外再加一个向心力
功	与日常生活中的工作、功劳混为一谈
动量	与动能、速度混为一谈
热量	与内能、温度混为一谈，错误地认为物体的温度越高，它所含的热量就越多，内能也越大
波速	与介质中质点的运动速度、波源的振动速度混为一谈
交流电的有效值	与交流电的平均值混为一谈，对"有效"的意义认识不清
功率	与效率混为一谈，认为功率越大，效率越高
概念	认识上的偏差
磁通量	在学习电磁感应以前理解磁通量容易感到茫然，不知它有何用，磁通量作为一个方向标量，更让人不知所云
光密介质	认为光密介质就是密度较大的介质，认为光疏介质就是密度较小的介质
核裂变	与化学中的分解反应、化合反应混为一谈

（六）"目标—诊断"模式

这种模式适合于：①概念的复习教学；②初高中的衔接教学；③以学生自学、小组合作学习为主的教学。这种模式的教学能直接抓住概念的"要害"，引导学生从不同角度来理解同一概念。

重力（初高中衔接教学）

鉴于初中已经初步认识重力，高中新课开始可设定一定的教学目标进行诊断，一般围绕重力这个概念，对其产生的原因、重力的大小、方向、作用点等要素进行"前测"和"后测"。操作可分为以下四步进行：

第一步：前测教师精心设计易错题，对概念的考查一般为选择题，让学生全员参与作答，如表4-6：

表4-6　重力（初高中衔接教学）

前测（选择题）	设计意图
A. 重力就是地球对物体的吸引力	引导学生认真阅读教材，能区分教材上对重力的说法"由于地球的吸引而使物体受到的力叫作重力"和选项A的不同之处，体会关联词"由于……而使……"的用意
B. 同一质的物体所受的重力总是相同	区分重力和质量这两个不同的物理量
C. 重力的方向总是指向地心的	正确区分"竖直向下"和"指向地心"这两种说法。进一步明确铅垂线的作用，为寻找重心埋下伏笔
D. 对于形状规则的物体，重心一定在几何中心处	正确理解重心的意义，并进一步展开探究重心的各种求解方法
E. 以上说法都不对	（此为正确答案）

第二步：统计A、B、C、D、E各项各有多少学生选择，对错误率较高的（达30%）的选项组织学生讨论，找出错误原因。

第三步：总结对重力概念的理解要点。

第四步：后测针对学生出现的错误，类似地再出几道变式题进行检测。

第五章　高中物理专题式教学理论与策略

第一节　高中物理专题教学常用方法

从广义上讲，方法是为了获得某种东西或达到某种目的而采用的手段或行为方式。专题教学的方法，就可以理解为为了达到特定的专题教学目标而采用的手段或行为。这些手段或行为包括课前的准备和课堂教学的实施两部分。课前的准备主要是指教学设计，包括教学目标的确定、教学素材的收集和筛选、教学环节的安排、教学设计的最终形成等过程，它更多体现为一种综合性的策略。故此处所讲的物理专题教学的常用方法，主要是指在课堂教学的实施过程中所涉及的方法，即课堂教学方法。

教学方法从广义上讲是指教与学的方法，从狭义上讲是指教师的课堂教学方式。完整的表述为：课堂教学当中，为了达到特定的教学目标，而采用的有利于学生学习的教学方式。中学物理学科的学习中，涉及陈述性知识（如概念与规律）的学习，也涉及程序性知识（如实验技能）的学习，还涉及策略性知识（如解题方法等）的学习，不同类型知识的学习，其所适用的教学方法也有所不同，有所偏重。得到普遍认同的教学方法有：讲授法、演示法、讨论法、训练和实践法、示范模仿法、发现法。在物理课堂教学当中，这六种常用的教学方法都有体现。其中讲授法用得最多，被视为所有教师的基本功。演示法、讨论法、发现法在新课教学当中也经常用到。有时，一堂物理课精彩与否往往与这几种方法用得是否巧妙有关。训练和实践法比较多用于习题课、复习课或实验课。示范模仿法常用于体育课的教学当中，但在物理教学中有时也会用到。比如习题课中解题规范和分析方法的示范与模仿，还有实验课中学生动手之前教师的演示，用的就是示范模仿法。可见，为了达到既定的教学目标，采用什么教学方法往往因师生以及教学内容的差异而有所不同。那么，在不考虑教师的个性特点前提下，针对某一特定的内容，有没有相对固定而优越的教学方法呢？从经验上看，确实是有的。

在专题教学中哪些教学方法比较常用呢？需要回到专题教学的设计初衷去分析。我们将专题教学粗略地分成了两类：一类以知识体系为核心；另一类以方法体系为核心。但不管是哪一类都具有提升性、综合性和系统性的特点，所以决定了专题教学必须以一定的知识、方法基础为前提。需要教师将相关联的资源进行整合，并根据建构主义原理设计教学，以实现对常规新课教学和复习教学的有效补充作用。

实施专题教学的方法受限于教学的环节。从结构上讲，比较完整的教学包括课前预习部分、课堂教学部分和课后作业部分：课前预习是为了专题教学得以有效实施而进行知识准备。课后作业是对专题教学的效果进行反馈与巩固。以下所讲的教学方法主要指的是课堂教学这一环节。不同类型的专题教学方法存在一定区别。所以，接下来将按照新课专题教学、知识块专题教学、实验专题教学、题型专题教学四种类型，分别分析其教学设计特点，以及由此而产生的教学方法。

一、新课专题教学的常用方法

新课教学中什么时候需要进行专题教学呢？如果将实验教学抽离出来，新课教学主要包括概念课教学和规律课教学。这两类新课教学都会用到专题教学。在新课教学的过程中，有时需要对一些重要的物理方法进行归纳与总结，通常也采用专题的形式进行教学。学完一章之后，需要对整章的知识体系和题型方法进行梳理与巩固，这也是典型的专题教学。这四种情况的侧重点不一样，教学设计的风格也有所区别，涉及的教学方法就有所不同。

（一）物理概念专题教学

如果将物理学科比作一栋大厦，物理概念就是它的砖瓦和基石，所有的物理方法和思想都要靠物理概念来承载。所以，概念教学一个无比重要的目标，就是要让学生深刻理解每一个基本概念的内涵和外延。然而，这并不是一件很容易的事情。往往一节新课之后，学生只能对相关的定义或公式进行简单的模仿应用，却不能准确地把握概念。这样根本达不到概念教学的基本要求！于是，进行针对性的物理概念专题教学就非常有必要。

例如：粤教版高中《物理（必修1）》第三章第二节"研究摩擦力"。第一课时往往只能完成浅层次的学习，而对于摩擦力概念的细微辨析是远远不够的。如滑动摩擦力的方向、静摩擦力的方向、最大静摩擦力等细节的突破就有必要放到第二课时来实现。此时可以将第二课时设计为一个小专题。其中对滑动摩擦力和静摩擦力的定义、产生条件、大小以及方向的初步掌握是知识准备，"摩擦力专题"的教学目标应该定在突破理解"滑动摩擦力的方向、静摩擦力的方向、最大静摩擦力"这几个难点上。教学设计应该根据师生所掌握的教学资源如教材、教辅、实验设备来进行。其中"滑动摩擦力的方向"与"最大静摩擦力"最好通过实验来加强感性认识，再通过例题演练加深理解。而"静摩擦力的方向"则很难用实验演示，比较适合用动画模拟再加上理性分析的方式来突破，其中，相接触的两个物体都在运动且保持相对静止的情境，要判断其接触面上的静摩擦力方向和大小，非常抽象。可以组织学生在独立思考的基础上再讨论攻坚。从方法上讲，就用到了组织讨论、实验演示、例题演练、教师点拨相结合等多种方式。总结起来，这一专题涉及的教学方法包括讲授法、实验演示法、讨论法、训练和实践法等。

对于某些核心概念，如速度、加速度、电场强度、磁感应强度等，初步的新课往往需要提供给学生大量的物理现象和事实，在感性认识积累到一定程度时，再抽象提炼出概念。这时学生对概念的把握还是比较初级的，停留在感性经验和初步的理性抽象层面。虽然可以进行简单的模仿，但迁移能力和应用能力还相当不足，随后针对其进行的专题教学，就必须在概念的应用和价值上进行深层挖掘。让学生在应用当中构建知识，在理解其价值的过程中把握此概念在整个知识体系中的地位和功能。最终让学生将所有相关的物理事实、应用方法、价值功用整合到原本抽象的概念当中。这样的概念知识才是深刻的、完整的。这样的专题教学对教师的要求非常高，教师的高度将制约学生的高度。课堂教学中的讲授变得极为重要，必须清晰明确，不可含糊！在关键时刻，还要组织学生讨论，尽可能地消除误解和歧义。例题的演与练也必不可少，只有在实践的过程中才能检验学生建构起来的知识是否正确。所以，概念专题教学最常用的教学方法就是讲授法、讨论法、训练和实践法。如果实验操作或演示能够对概念的深层理解有帮助，那是最好不过的。故有时也会用到演示法和发现法。

（二）物理规律专题教学

如果说将物理学科比作一栋大厦，物理概念就是砖瓦和基石，物理规律则是大厦的主体结构，包裹在其外的是大量的物理现象与事实。物理之美就在于物理规律的简洁与朴实。规律课无疑是物理学科教学中的另一个重头戏。物理规律似乎没有物理概念那么抽象，更容易上手。学生很快就会套用公式解题，给教师造成了一种已经掌握的假象。然而实际上并非如此！物理规律也必须建立在物理概念清晰的基础上，同时更侧重于体现一组概念之间的关系。将概念比作点，规律就是由这些点连接起来之后的几何体。而且作为经验科学的物理，所有的规律都建立在事实和实验的基础上。它对自然的描述总是具有局限性的，仅适用于某些特定的条件之下。所以，对物理规律的把握必须首先注重其适用条件，然后才是如何应用的问题。

初步的规律课教学显然难以达到如此高的要求，必须通过专题教学才能实现对物理规律的完整掌握。例如：运动学中的"匀变速直线运动的规律"，力学中的"牛顿第二定律""万有引力定律""动能定理""机械能守恒定律""动量守恒定律"，电磁学中的"楞次定律""法拉第电磁感应定律"，热学中的"气体状态方程""热力学第一定律"，等等，这些物理规律的掌握都不是一节新课就能轻易完成的。物理规律属于陈述性知识，它主要体现的是量与量之间的关系。在进行物理规律专题教学时，主要为了突破两点：对适用条件的准确把握和如何在具体的情境中应用规律。因此，各类典型情境下的例题训练是必需的。从教学方法上来讲，训练和实践法应该是主要方法。在教师点拨下进行提炼、归纳，学生最终要建构起对物理规律的完整认识。所以，发现法也是必不可少的。

（三）物理方法专题教学

物理方法属于策略性知识，它不单是分析、解决物理问题的工具，还对提升学生的思维能力有极大的作用。如粤教版高中《物理（必修1）》中第一章第六节"用图像法描述直线运动"。图像法是分析物理规律和物理问题的重要方法之一，也是学生建立图像思维能力的基础。这项能力对现代公民来说非常重要，因为很多复杂数据（如股市数据）都以图像的形式来呈现。在实际教学过程中，我们发现运动图像对初学者来说，还是太过于抽象，很有必要进行相应的专题教学。在新课学习期间，学生初步了解了s-t图、v-t图的特点。接下来还需要进一步掌握如何读图，即读图技能的提升；进一步掌握如何作图，即作图技能的提升。所以，运动图像专题教学是为了帮助学生进行特定技能的提升。还有些物理方法专题侧重于帮助学生进行思维方法的提升，如极限法、比值法、逆向思维法、模型法等。但总的来说，这类专题教学的目的，都倾向于帮助学生掌握分析与解决物理问题的特定方法，以实现学生思维能力的提升。为了尽力帮助学生形成准确而完整的知识体系，比较适合由教师先将知识体系归纳好，再引导学生进行有意义的接受学习。这样可以避免学生在进行知识的建构时产生太多的误解或混乱。所以教学方法将主要以讲授法为主，以讨论法、训练和实践法为辅。

（四）章末总结专题教学

章末总结专题教学不是复习，它是新课教学的延续与提升。其目的在于将学生原本比较零散的知识点学习上升为成体系的知识系统学习。通过章末总结专题教学，学生对整章的物理知识能够实现更全面和深刻的理解。从教学设计和学生的学习方式来看，存在两种比较典型的方式。

第一种方式，以讲授法为主，讨论法、训练和实践法为辅。即教师将整章书的知识体系和题型体系梳理好之后，呈现给学生，再配以适当的典型例题讲解和当堂训练。学生的学习方式为接受学习。教学的效果可能好也可能不好，关键在于教师在设计教学时有没有充分考虑到学生的知识水平和学习需要。如果考虑到了，并充分体现在教学设计中，则可以引导学生进行有意义的接受学习。如果没考虑学生的因素，只注重知识与方法的整合，则比较糟糕。教师可能会讲得很辛苦，自我感觉完成了教学目标，而实际上却陷进了盲讲的旋涡里，结果当然会事与愿违。我们要避免这种情况。在充分考虑学生水平的前提下，以教师梳理为主的优点在于知识结构完整，而且学习效率很高；缺点是学生的学习容易陷入被动，养成依赖性。

第二种方式，以发现法为主，讨论法、讲授法、训练和实践法为辅。要求在设计教学的时候，将知识框架定好，但具体内容则由学生独立完成为主、小组讨论为辅的方式完成，然后教师再做适当的引导与点评。对于本章的核心知识点或思维方法，需根据学生的现有水平，设计一些非常典型的例题。不要过多、过细地讲解，主要还是以学生独立完成和小组讨论的方式完成，教师最后再做总结与点评。如此，学生的学习以发现学习为主。其优势在于可以充分调动学生的积极性，有一个在框架指引下主动学习的过程。而且为了较好地完成学习任务，学生必须将自主学习与合作学习结合起来进行。这样有利于培养学生的优良学习习惯和学习能力。其不足之处在于学生建立起来的知识结构可能有错漏，而且时间成本比较高。

二、知识块专题教学的常用方法

我们习惯于将中学物理分为五大板块：力学、电磁学、热学、原子物理、光学。各个板块之间虽然有一定联系，但所研究的方向及相关的思想方法的确有很大的区别。在实际的教学过程中，我们会发现：每一个大板块还可以分成一些较小的知识块。例如，力学就可以分出"运动学""静力学""动力学""动量与能量"等知识块。其中的每一个知识块都涉及一系列特定的概念、规律和物理方法。从建立物理知识体系的要求上来讲，对学生的要求更高。意味着学生将从更高的视角建构立体结构的物理知识，为整体掌握大板块的物理学知识打下坚实的基础。知识块的教学建立在大板块新课教学完成的基础上，是典型的专题教学。其目的是帮助学生理清一系列相关概念、规律之间的关系，并掌握在具体应用时按什么方式分析问题、解决问题，最终达到知识与能力的全面提升。

知识块专题教学属于温故而知新的课型，要讲求效果和效率，所以较少用到演示法。因为演示实验或探究实验在新课教学时已经完成，在进行综合性较强的知识块专题教学时就没必要再重复一次，时间上也不允许。这是知识块专题教学与新课教学的一大区别。知识块专题教学要避免像新课教学一样重抄一遍，应该更讲求知识的形成和能力的提升。在知识块专题教学过程中，更多的是引导学生在已有认知上产生"新发现"，一步一步形成自己的知识体系和思想方法。所以，发现法应当是此类专题教学的主要方法之一。此处所说的"发现"是物理思想方法层面的发现，它不是建立在对感性直观现象的观察基础之上，而是建立在对已有概念、规律的再认识基础之上。因此，此处所用的"发现法"是一种隐性的教学方法，从形式上可能很难能体现出来。

应当怎样选择这类专题教学的教学方法呢？并不能一概而论！因为在实施知识块专题教学的过程中，当学生的认知基础不同时，所采用的教学方法和策略必须要有所变化。因此，选择什么教学方法要从学生的知识基础入手。基本情况是：学生曾经学过这部分知识，现在对这部分知识已经有一定程度的生疏了。造成这种结果，可能的原因有：①当初学得很好，只是因为时间隔得比较久远而遗忘了；②当初的新课学习本来就不是很好，存在一些没掌握的环节，时间又隔得比较久远了；③最糟糕的情况是新课学习时大部分都不明白，现在却要进行综合提升了。这三种情况要有所区分。如果是第一种原因，学生很容易就能独立完成知识回顾，并开始在教师的指引下建构新的认知。这种情况教师应该少讲，重在精心设计教学，能够体现知识的结构性、层次性、提升性，让学生在学习材料的引领下就能进行自主建构。在教学过程中，教师应该多组织学生进行讨论与实践，再适当地引导和点拨。如此，教学目的达到了，学生学习的主动性得到了激励，学生的自主学习能力也得到了培养。如果是第二种原因，必须先有一个自我知识梳理的过程。通过这个自主学习的过程，学生独立回顾已学习的内容，并将还存在较大疑问的部分找出来。而教师很重要的一项任务就是要汇总那些学生普遍疑惑较大的知识。然后进行有针对性的讲解，先扫除知识的疑点，再帮助学生进行提升性的建构。如果是第三种原因，则没有多少选择的余地。教师必须要讲细一些，有必要的话还要进行演示实验。但时间毕竟有限，所以不可能让学生重新体验完整的知识生成过程。这样的专题教学效率比较低，所以还有必要控制教学的要求和难度。若明知学生已经不可能达到那样的能力要求，只能适当放弃，而务实地从掌握最基本的概念和规律开始。

总的来说，以知识块为主的专题教学，关键在于先了解学生的真实认知情况，再进行有针对性的讲解和训练，最终引导学生建立更高级的知识体系。从表面的教学方法来讲，讲授法必然用得最多，训练和实践法、示范模仿法也比较常用。值得分析的是讨论法在这类课型中的使用情况。

讨论法主要用于难度略高于学生现有水平，需要靠小组的共同努力才能完成的学习任务。在知识块为专题的教学中，经常要鼓励学生自主学习。尤其是一些完全可以独立完成的知识回顾，要努力培养学生的自主学习习惯和能力。但是讨论法仍然非常重要。以下几种情况特别需要组织学生进行讨论：第一，教师提供知识框架，学生自主进行梳理之后，需要进行讨论。因为独立回顾知识，总会有遗漏或错误。虽然参考答案可以帮助解决一部分问题，但同学之间的讨论互助是非常有必要的，可以加深理解。学生讨论结束之后，仍然存在疑惑的部分则可以由教师进行点拨。第二，教学过程中一些有所提升和拓展的方法与技能，难度略高于学生的现有水平，但通过讨论可以初步解决。这时的讨论更加有必要。完全由教师包办并不是一种好的选择，更好的做法是引导学生讨论，最后再总结与提炼。这样既保障了学生有较高的主动性，又达到了较好的教学效果。

讨论法的运用还有利于活跃课堂气氛。综合性和提升性较强的知识块专题教学确实不如新课教学那样轻松活跃，组织学生开展有效的讨论则是较为常用的活跃课堂氛围的方式。讨论法虽然有这些好处，但在实际的知识块专题教学中并不是很受教师们的欢迎。因为有的教师认为，在思维要求较高的教学过程中，展开讨论没有太好的效果，还不如直接告诉学生。其实这只是原因之一，还有一个重要原因是有的教师并不善于组织学生开展有效的讨论。那种纯粹为了活跃气氛而进行的讨论只是形式上的讨论，并非真正有效的讨论。真正有效的讨论应该精心设计，包括：什么内容需要讨论；设计哪些问题展开讨论；以什么方式进行讨论；最终要达到什么效果；如何控制过程与时间；等等。为此，我们提倡讲求实效，恰当地使用讨论法进行教学。

三、实验专题教学的常用方法

物理中的实验教学非常重要。物理学是建立在实验证伪的基础上，再运用数理逻辑来阐述的一门学科，必须通过实验教学让学生领悟到这一点。新课教学中的探究实验和演示实验，一方面帮助学生体验知识的获得过程，另一方面培养学生的科学探究精神并掌握科学研究方法，因此，它们非常强调实践性和科学性。新课中的实验教学穿插于特定的章节之中，是为建立完整的知识体系服务的。但是，实验教学也可以看作独立于概念教学、规律教学等新课教学之外的一类课型。在新课的实验教学中，学生对各实验的了解和掌握是"孤立的""零散的"和"片段化的"，并没有形成完整的知识和能力体系，为了对物理教学中各阶段所做过的物理实验在设计思想、处理手法、基本技能等各个侧面进行有效的整合，有必要针对某些侧重点组织实验专题复习教学。实验专题教学为各个实验的对比分析提供了一个很好的平台。学生通过对比分析感悟各实验的"异"与"同"，有利于消除学生在学习中遇到的诸多"似是而非"问题的困扰，有利于学生基本实验技能的掌握，有利于加深对实验原理和方法的理解，进而达到举一反三、灵活应用的目的。实验专题教学同时有利于学生片段化的实验知识融会贯通，形成完整的知识体系。实验专题教学可以细分为：测量性实验专题、验证性实验专题、探究性实验专题、实验专题复习等类别。

（一）测量性实验专题教学

测量是进行物理实验的基本功之一，它包括直接测量和间接测量。直接测量是测量工具的直接使用，包括操作和读数。由于实验结论的准确性以测量数据的准确性为前提，所以测量工具的正确操作与规范读数是实验能力的基础。系统性的实验专题教学首先要进行的就是测量工具的操作与读数专题教学。例如，长度测量专题教学的内容包括刻度尺、螺旋测微器、游标卡尺等工具的操作与读数；再如，电表专题教学的内容包括电流表、电压表、多用电表等仪表的安装、操作与读数。此类直接测量性的实验专题教学要达到较好的效果，关键在于两点：一是清楚操作及读数的规则，二是动手实际操作。要清楚规则，需要教师的讲解和相应的文本做参考。而通过实际操作，将抽象的规则转化为具体的行为，则可以快速掌握、准确理解。所以，此类专题教学主要将用到讲授法和训练与实践法。

间接测量是指利用测量工具及相关的物理规律测量特定的物理量。例如，通过打点计时器测量重力加速度、通过伏安法精确测量电阻、通过伏安法测干电池的电动势和内阻、通过油膜法测量油酸分子的直径等，都属于间接测量。间接测量实验专题教学在综合性、理论性和可操作性方面要求都很高，要求学生不仅要掌握各种实验器材的安装和操作流程，还要准确理解相关实验原理，并能正确读数、进行数据处理及误差分析。因此，教师除了要讲解和提供相应的文本做参考，还要进行演示实验。让学生从模仿开始，最终能熟练操作并加深理解相关规律。这样，除了要用到讲授法和训练与实践法，还需要用到演示法、示范模仿法。

（二）验证性实验专题教学

学习了某一重要的物理规律之后，需要通过实验来验证，从而让学生真正地接受和建构起准确的规律认知。这时所做的就是验证性实验。例如，验证平行四边形定则、验证机械能守恒定律、验证动量守恒定律、描绘小电珠的伏安特性曲线等，都属于验证性实验。验证性实验专题教学的目的，是要通过实验从经验上证明该物理规律。因此，它特别注重科学性，对数据测量及处理的规范性要求特别高。验证性实验的最终目的是希望在允许的误差范围内得到规律的验证。而在实际的实验过程中，由于操作、读数、数据处理的不规范及装置系统所带来的误差，很多学生一开始难以达到实验目的。因此，误差分析特别重要。只要具备误差分析能力，就可以改进实验，最终达到验证目的。在这个过程中，教师的讲解，学生的小组讨论都非常重要。所以，验证性实验专题教学将主要用到讲授法、讨论法、训练与实践法。

（三）探究性实验专题教学

高中阶段的物理探究性实验主要包括两种：一种是在新课教学过程中的演示性探究实验，教师引导学生进行观察、记录、推理，最终形成某一概念或规律。例如，探究静摩擦力与滑动摩擦力的大小，探究影响安培力大小的因素，探究理想气体的压强、体积、温度关系等，这些实验受设备条件的制约，难以进行分组实验，就可以用演示实验的形式呈现探究过程，在师生的共同参与下形成物理知识。另一种是分组探究实验，真正以学生为主体，教师为主导，体验物理概念或规律的发现过程。例如，探究加速度与合外力、质量的关系，探究法拉第电磁感应定律等实验都可以通过小组合作的形式，在教师的指导下完成探究。探究性实验专题教学除了对操作及科学性要求很高以外，还要求学生通过独立思考或小组讨论发现规律、形成知识。因此，它将主要用到讲授法、讨论法、演示法、实践法、发现法等教学方法。

（四）实验专题复习教学

在学业水平考试与高考前，通常要进行整个高中物理教学内容的复习，由于实验特殊性，有必要针对实验进行专门的复习。但实验的复习如果也按照新课那样，把每个实验都看成是一个个独立的个体去重复一遍是不可取的。首先这样做效率太低，时间不容许；其次，简单地重复曾经做过的实验无法激发学生的学习兴趣，实验复习常常变成了走过场；更重要的是这样做不可能让学生对各实验间的联系与区别有一个明确的认识，也不可能对实验原理和方法有更进一步深刻的理解，实验能力很难有较大的提升，也无法完成知识体系的建构。

　　在实验复习的教学中，必须突破原有的知识体系和惯性思维的束缚，将众多的实验按照它们之间的本质联系，划分若干个实验专题进行复习。通过专题复习把各个看似孤立的实验或知识点、知识片段，按照其内在联系重新进行分类整合，能够让学生有一种新的体验，进而激发他们的好奇心和学习兴趣。另外，在实验专题复习中通过对相关知识的归纳整合可以大大提高了复习的效率。

　　实验专题复习首先是复习课，但它又是打破每一个实验个体，由多个实验间某种共性的内容组织起来的专题教学，因而它不可能、也不必让学生去实验室将每个实验再做一遍。针对实验专题复习教学，最常用的教学方法是根据多个实验本身的共性或学生学习中普遍存在的问题组织专题，围绕专题的核心目标或教师讲授，或学生围绕问题讨论，或解答相关实验练习题，在面对有关实验器材的结构、原理、操作以及实验现象的观察等问题时，有时还必须让学生带着问题重返实验室。因而实验专题复习的常用教学法有讲授法、讨论法、训练与实践法等。

四、题型专题教学的常用方法

　　题型专题教学是非常特殊的一类专题教学，它带有应试的特点。但进行题型专题教学却不能仅仅停留在应试的层面，我们应该从考试本身的目的和价值出发，超越考试的形式，却又善于应试。从课堂教学而言，则不得不重视试题的形式，即各种题型。因为不同题型所考查的内容和目的有所不同，课堂教学的方法也有所差别。

　　物理试题是考查学生的物理知识与能力水平的重要载体之一。它以考试的形式呈现，包含着对物理概念、物理规律、物理实验能力、物理思维、表述能力等各方面物理能力的考查。其中基本的物理概念、物理规律比较适合以选择题或判断题的方式进行考查，而物理思维、综合表述能力则比较适合以计算题或简答题的方式来考查。物理实验能力的考查比较特殊，它自成一类，即实验题型。

　　不同的考试，其题型特点也有所差别，这是由于考试的目的和难度要求不同而造成的。例如，物理学业水平考试只考查学生对基本概念、基本规律、基本实验技能的掌握水平，因此仅以选择题的方式就够了。而普通高中升学考试对物理的要求就高得多，除了要看学生对基本概念、规律的掌握情况，还要了解学生对实验技能、原理、数据处理、误差分析的掌握水平，以及了解学生对较为复杂的物理过程的综合解决能力。因此，在进行题型专题教学时，避免不了针对不同的考试进行教学设计及课堂教学。

　　单从课堂教学而言，题型专题教学所涉及的方法比较单一，主要是讲授法、训练与实践法、讨论法。其中讲授法是用得最多，却又不易把握的方法。题型专题的讲授主要以题型特点为主线、以知识补漏为辅导的方式进行。教师应该为学生揭示解决同一类题型的常用方法和思维特点，然后以典型例题的讲练为突破进行展示、讨论、建构。而且除了揭示方法，其针对性也要强，应该针对学生的需要而讲。所以，要求教师不但要讲得精，而且要讲得准训练与实践法在此处主要指进行限时解题训练，以此来提升学生的应用能力。而对一些难度较高的综合性题型，如计算题或简答题，则可以通过小组讨论的方式来合作完成。

各种类型的专题教学，从教学方法上进行分析，其意义相对有限；因为它仅限于课堂教学过程中所采取的方法。而在课堂教学开始之前，教学设计是十分重要的环节，它决定了课堂上能够采用什么教学方法。为了清晰了解如何合理地设计专题教学方案，并最终选择什么样的教学方法，更应该从教学策略的角度来分析。教学策略决定了教学方案，包括教学方法，更能体现教学的规律和智慧。

第二节　高中物理专题教学常用策略

教学策略是指为实现特定的教学目标，根据学生及教学资源的实际情况，对教学顺序、教学活动程序、教学组织方式、教学方法和教学媒体等各个环节的总体考虑与策划，最终体现为教学设计。

一、各类专题教学共同的教学策略——有效性原则

教学策略必须体现课堂教学的有效性，即为了较好地实现特定的教学目标，必须制定有效的教学策略。有效的教学策略应该具有以下3个特点：

（一）教学思想必须符合新课标精神，即必须符合三维目标对物理学科的具体要求

教学策略决定教学活动过程。如果指导思想中没有完整的三维目标意识，很可能教学的目标就只关注到知识与技能维度，而忽视了过程与方法及情感态度与价值观维度。尤其是情感态度与价值观目标，若在制定策略的时候缺失，在具体的教学过程中很难有所体现，其教学的有效性就会受到影响。

专题教学具有提升性、综合性、系统性的特点，是建立在具备一定知识基础上的深化与拓展。所以，不同于新课教学，专题教学策略对三维目标的体现可以理解为：知识与技能的习得是教学的直接结果；过程与方法主要是对知识点之间内在联系的思考与整合过程的体验，以及思维方法的形成；而在此过程中要不断引导学生体会科学思维和理性思维之美。这是较为完善的三维目标，在具体的实施过程中，可能比较难达到这样的高度。但这是物理教师努力的方向，在条件允许时，应当尽力地追求。

（二）教学的方法模式必须符合学生的认知心理特点

目前主流的认知心理理论是建构主义。其核心思想是知识的意义不可以由他人给予，只能由认知主体在原有观念基础上进行主观建构。所建构起来的新观念与所学知识的正确内涵吻合程度越高，则其学习的有效性也就越高。所以制定教学策略要特别重视学生已有的知识水平，应该在此基础上策划每一个教学环节。

专题教学的方法模式对认知规律的遵循主要体现在用建构主义原理来安排教学顺序、选择教学方法、组织教学活动。由于专题教学的提升性、综合性、系统性特点，它更注重理清各部分知识的关联，帮助学生建构完整而正确的知识体系。所以，其教学策略更多体现在如何挖掘与整合教学的资源，并结合各种教学方法的灵活应用与教学活动的恰当安排，来达到最优化的教学效果。当然，所有的设计都必须符合认知心理规律，符合建构主义原理。

（三）教学的技术手段应该努力降低教学成本

有效教学首先要实现教学有好的效果，同时应当追求高的效率。准确地讲，有效教学应该是一种高效益的教学。一方面追求学生学得好，另一方面要减少在资源、时间、精力上的浪费。从优先级别来讲，首先应该保证学生学好，其次才是努力降低成本。

专题教学的技术手段要努力降低教学的成本。主要包括学生、教师的时间成本、精力成本等方面。降低学生的时间、精力成本主要体现在提高学习的效率上，即在单位时间内学会更多的知识与技能，体验知识形成的过程，并形成科学思想。所以，课堂的容量应该适当。它决定了教学媒体的选择要尽可能地恰当，在条件允许时，有多媒体课件的辅助教学是最好的。值得说明的是，课堂容量不应该单纯地指教师安排的内容，还应该包括教学过程中学生生成的内容。所以，要求在教学设计的时候，教师安排的内容不能将课堂完全占据，而应该给学生留出一些思考与消化的空间。降低教师的时间、精力成本主要指进行教学设计应该尽量高效。现代教学的主导思想是以学定教，学生学习的效果决定了教学策略的好坏。所以应该优先考虑学生学习的效果，再考虑如何降低教学的成本。

二、各类专题教学的常用策略

教学策略是对资源整合、课堂教学过程、课后训练与效果反馈等所有教学环节应采用的教学思想、方法模式、技术手段的总体设计与安排。在满足有效性原则前提下，本书并不打算对每一个环节进行探讨，而将重点关注专题教学策略的核心问题，即根据专题教学的内容和目标特点，研究如何整合知识体系，怎样挖掘知识之间的内在联系，以及怎样遵循建构主义原理来设计教学。专题教学所涉及的具体知识，既是知识与技能目标的载体，也是过程与方法目标、情感态度与价值观目标的载体。所以，抓住教学设计中知识体系建构的逻辑与途径，就是抓住了专题教学策略的核心。

（一）新课教学中的专题教学策略

新课教学中的专题教学分为四种：物理概念专题教学、物理规律专题教学、物理方法专题教学、章末总结专题教学。由于每种专题教学所涉及的主体知识具有不同类别的特性，以及教学目标的较大差异，其设计策略也会有所区别。

（1）物理概念专题教学

物理概念是属于陈述性的知识，从知识的完整性而言，物理概念包括事实性知识、概念性知识、方法性知识及价值性知识四个维度。在新课学习的时候，主要通过大量的事实性知识形成物理概念，给原本抽象的物理名词赋予具体的内涵。但对于一些非常抽象，却又极其关键的物理概念，这样的要求层次是不够的。例如，加速度、电场强度、电势差与电势、磁感应强度等这些概念就有这样的特点。它们是整个物理大厦的关键节点，如果掌握不好，正确的物理知识体系将无法建立。为了完整而深刻地掌握它们，必须进行专题教学。较为常用的策略主要有四种：一是对目标概念的方法维度进行深度挖掘，追本溯源。即想办法弄清楚概念的来龙去脉，将概念产生的背景及相关的推理过程呈现清楚，让学生原本模糊的认识变得清晰、明确。二是将所有意义或形式相近的概念列举出，进行对比区分。学生的辨别能力越强，对目标概念的理解就越深刻。三是通过典型例题，清晰揭示概念的应用方法以及它对物理学习的价值。四是通过思维导图，帮助学生理解此概念在整个知识体系中的位置及价值。只有当学生理解了其应用方法，明确了它存在的价值时，概念的学习才会完整、深刻。

（2）物理规律专题教学

物理规律与物理概念是物理学的两大主体，是其他所有方法、思想的载体。它们的区别在于物理概念是关键节点，而物理规律则反映出这些节点之间的关系，并用简洁的数学语言表述出来，表现为方程。物理规律的形成也有别于物理概念。物理概念是通过事例或形成物理知识体系的需要而建立起来，以定义的形式来表述的知识。物理规律的形成，也建立在物理事实基础上，且必须得到实验的验证与支持。从方法上讲，学生不但要理解物理规律的形成过程和所涉及的物理思想，还要知道如何恰当地应用它解决实际的问题。从价值上讲，学生要体验到物理规律在分析物理现象、建立物理模型、创造实用工具、创新研究方法等各方面的作用。

物理规律专题教学的策略要注意两方面的问题：一是抓住物理规律的适用条件，帮助学生准确理解。在实际应用物理规律时，能排除信息干扰，快速建立起物理模型。物理学中的每一个规律都有其特定的适用条件，初学者往往会先抓住其方程主体，而忽略其条件。专题教学的首要任务，就是澄清规律的适用条件，并且帮助学生建立起任何规律首先都要考察其适用条件的思维品质。二是利用思维导图，帮助学生形成解决物理问题的整体思维能力。稍微复杂一些的问题都不是靠单一的物理规律解决的，往往要以某一规律为核心，并结合其他规律来综合解决。因此，物理规律专题教学必然涉及过程分析、模型建立、思路组织等综合思维能力的培养。

（3）物理方法专题教学

物理方法是一个涉及范围很广的名词，它包括提出物理概念、发现物理规律的方法，也包括应用物理知识解决实际问题的方法。总的来说，物理方法是一种策略性知识，物理方法水平的提升是为了帮助物理思维能力的全面提升。因此，物理方法专题教学的根本目的是物理思维能力的提升。思维能力包括知识基础、思维习惯和思维方法。必备的知识基础是形成思维能力的前提，良好的思维习惯是养成思维能力的基础，思维方法是提升思维能力的关键。单从应用物理规律解决实际问题而言，思维习惯包括情境分析的习惯、过程表述的习惯、书写表达的习惯等。解答物理问题时，对良好思维习惯的要求是有统一标准的，而对物理思维方法的要求是要具体情况具体分析的。物理思维方法可细分为隔离法、整体法、程序法、比例法、图像法、作图法、转换法、等效法、补偿法、类比法、对称法、逆向思维法、反证法、近似与估算法、微元法、极限法、递推法、分析法、综合法、物理模型法等。

物理方法教学通常应贯穿在整个物理教学过程中，特别是提出概念、发现规律的方法，更多地应当在概念、规律的新课教学中：或是创设恰当的物理情境，引导学生去发现与抓住事物的本质属性，发现问题，寻找事物发展的规律，在体验中学习相应的方法；或是让学生了解科学家提出相关概念、发现相关规律的背景与过程，从中学习其运用的物理方法。

对提出概念、发现规律等物理方法的专题教学，是物理方法的一种综合性的、集中的教学。此类专题教学主要的教学策略是：一是选取恰当的教学时机，通常这类专题应安排在学生对某一类物理方法有了一定量的了解之后；二是宜在教师的引导下让学生自主地归纳、发现哪一些物理概念的提出（或规律的发现）采用的是同一类的物理方法，培养学生在学习物理知识的同时有意识地关注其中物理方法；三是明确学习物理方法的目的不仅仅是知道、了解这些方法，更主要的是将来能运用这些方法解决自己所遇到的问题，因而更重要的是要让学生知道在什么样的条件下使用什么样的方法。

物理方法专题教学的另一类是应用物理知识解决实际问题方法的专题教学，在现实的学校课堂教学中，此类专题主要是通过对典型习题的解答来感悟其中解决问题的方法。此类专题教学的设计关键有三点：一是例题的选择必须具有针对性，例如为了让学生掌握隔离法和整体法，所选择的例题就应该针对这两种方法，而避免其他因素的过多干扰；二是例题的呈现应该由易到难，体现思维发展的规律；三是应该对物理方法的适用范围、优缺点、价值所在进行归纳和总结，并在变式训练中强化理解。

（4）章末总结专题教学

这类专题是为了帮助学生建立起有效的知识结构。其有效性主要体现在对知识的内在联系，即对知识结构的层次性和主次性的揭示上。如果知识结构不能体现层次性和主次性，就只是一堆无关联的零散知识，学生记住了也没有作用。在进行教学设计时，首先要求教师对本章知识的结构有深刻的认识。这些认识包括：核心知识点是什么？以它为中心有几条主线？每条主线是怎样展开的？总之要将知识结构的主干和枝叶分清楚，并将知识点之间的逻辑关系厘清——哪些是背景性的知识？哪些是概念性知识？哪些是方法性知识？它们都围绕着哪一个核心点来展开？教师通过典型例题与习题的解答，帮助学生厘清各知识间的关系，建构起知识结构，强化对知识的理解。

（二）知识块专题教学的常用策略

知识块专题教学主要是以知识块复习为主的专题教学，与新课教学中的章末总结专题教学有些类似，都力图帮助学生建立有效的知识体系并提高能力。其区别在于知识块复习是在全部新课学习结束之后，此时学生对整个高中物理已经有较为全面的了解，只是在深度上欠缺火候。所以此类专题教学的广度和深度都会进一步地拓展，所建构的知识体系和物理思维方法不再受限于具体某一章节的知识。例如，力学和电磁学的知识可能会交叉关联在一起，建立起一种更高级、更综合的知识体系。

在前面讲教学方法时，曾分析过由于学生的层次不同，新课学习的效果就会差别很大。所以进行知识块专题教学的首要策略就是要了解学生的层次，再有针对性地进行教学设计。如此一来，情况将变得有些复杂，可以分出好几种情况来讨论。为了突出此类专题教学策略的核心，我们假定学生为中等层次，以此为前提来展开讨论。而且重点从两个层面展开：一是知识的整合方式，二是物理能力的培养。

（1）知识的整合

对知识的整合而言，首先要明确一个问题：为什么要建立起一种综合性更强的知识体系？从知识论角度看，知识教学的关键在于知识的完整性。对单一知识点来说，其完整性包括事实性知识、概念性知识、方法性知识和价值性知识。事实性知识主要是指对该知识点进行陈述的实例或背景；概念性知识是对事实性知识的抽象概括，表现为概念、定义或公式；方法性知识是指对该知识点形成过程的明示及其应用方式；价值性知识是指对该知识点在整个知识体系当中的地位和作用的明示。对这些层面的知识进行挖掘，会发现它们不可能是孤立的，总是和前后的知识有所关联。要完整地掌握某一知识点，最有效的办法就是将它放到知识体系当中去理解。所以建构更加综合的知识体系是学习深入的必然方向，而并非故意增大难度。

建构有效的知识体系，从层次上讲可以分为核心知识点的深挖与重建、知识点的横向迁移与对比、知识点的纵向迁移与比较、完整知识网络的建构4个层次。其中以完整知识网络的建构为最高层次，以核心知识点的深挖与重建为基础。核心知识点是知识网络的主干，以它为核心将其他知识或方法关联起来，形成逻辑清晰的知识结构。这样的知识体系才是有效的，对学生才有帮助。

（2）物理能力的培养

知识学习的最终目的是提升能力。可以说，知识如果不能转化为能力，根本不能称为知识，只能算一些无意义的信息。能力的提升与知识学习的有效性关系很大，所以建构起有效的知识体系是非常关键的。除此以外，还与物理学科的特色有很大关系。知识学习只有立足于学科特点才能显示其活力，而不会变成一些僵化的信息。所以掌握学科特色的思维习惯与方法，就显得特别重要。

从知识的完整性角度理解，物理学科的思维习惯与方法属于方法性知识。它总是隐藏在具体的定义和公式背后，学生能感受到它的重要性和存在性，却很难掌握。有时学生听课会有一种奇怪的感觉：教师讲的时候就觉得很清楚、很简单，轮到自己做的时候就不知道怎么下手了。其原因就是没有掌握到相关的思维程序和方法。而很多时候，这应该归咎于教师没有将这些方法性知识明示给学生，而单靠学生自主学习是很难达到这种思维高度的。物理的思维习惯与方法的教学，包括对物理知识的形成过程与方法的理解，以及对解题过程中破题、解题的程序的理解。前者主要体现在新课的学习中，后者主要体现在复习课教学中。此处的方法主要指解题方法，在前面的"解题方法"类专题教学的策略分析中已有叙述。其中有一些比较常用的方法，如隔离法、整体法、比例法、图像法、等效法、对称法、逆向思维法、近似与估算法、微元法、极限法等是学生必须掌握的。它们是前人总结出的有效经验。属于思维工具。学生掌握的方法越多，解决问题的能力就越强，效率就越高。

总而言之，知识块专题教学以物理能力的培养为根本目的，以物理知识的整合为载体，以思维导图为工具，针对不同层次的学生进行教学设计。

（三）实验专题教学的常用策略

我们将实验专题教学分为三种情况：测量性实验专题教学、验证性实验专题教学及探究性实验专题教学。这三种情况的教学目标有较大的区别。

测量性实验专题教学侧重于提升学生的基本实验技能，如直接测量的操作规范、读数规范、间接测量的原理分析、数据处理及误差分析等。其最终的目的都是要在允许的误差范围内测出某一物理量。因此在设计此类专题教学时，必须落实操作规范要求，即通过实践来帮助学生掌握。如果是间接测量类的专题教学，还必须将涉及的实验原理清晰系统地展示给学生，并让学生在动手实验的过程中体验、分析，逐渐加深理解，最终形成数据处理及误差分析等基本的实验能力。

验证性实验专题教学侧重于提升学生通过实验来验证待定假设的能力。而此类专题教学面临一个很大的困境：我们的验证性实验往往是在学生已经接受了某一物理规律之后，才进行一个设定好的实验来说服学生。相当于我们已经相信了结论，再来找证据证明它。所以，有些学生并不重视这样的实验，感觉做验证性实验仅仅是增加了一个学习任务而已，没有什么其他的价值。在设计验证性实验专题教学时，教师首先要认清其教学目标。它不是真的去验证已经公认的物理规律，而是通过这样的验证性实验，去体验、学习如何验证一个还未成定论的假设。因此，教师要引导学生去质疑原本已接受的规律，将它仅仅当成一个假设来看待。然后，思考如何设计实验来验证此假设。由此，才引出实验原理、操作要求、数据处理、结论提炼及误差分析。整个过程，要让学生体会到严格的科学规范，即务求实验数据的真实性和逻辑推理的严谨性。最终教师要帮助学生形成以数据和逻辑为唯一依据的科学素养。

探究性实验专题教学侧重于帮助学生体验重要概念或规律的形成过程，一方面让学生更深刻地掌握概念或规律，另一方面培养学生提出问题、研究现象、形成观点、设计实验、提炼结论的科学探究能力。探究性实验专题教学也会面临同样的困境，往往是学生已经知道了结论，才进行探究性实验教学。学生容易陷入"这是走过场"的错误认识，科学探究能力难以得到有效的培养。因此，设计此类专题教学首先要解决的问题是"为什么要进行这样的探究"，然后是"怎样进行探究"，最后才是"探究的结果是什么"及"它有何意义"。探究性实验专题教学非常重要的一点是教学生如何提出问题，往往问题的提出方式决定了如何展开研究。学会提出问题，是非常重要的科学素养，是培养创新能力的关键。

（四）题型专题教学的常用策略

根据物理试题的考查目的及形式特点，形成了选择题、判断题、实验题、简答题或计算题等多种题型。不同的考试有不同的题型风格，因此设计题型专题教学不能不考虑考试的要求。通过考试来判定学生的知识与能力水平是目前采用的主要方式，它本身有局限性。虽然命题者努力提高题目的质量，使之能更好地呈现学生的水平，但始终受题目文本形式的局限，难以展现学生在真实物理情境下发现问题、思考问题和解决问题的能力。随着社会的发展，也许会出现更好的考查方式。但我们更应该看到考试这种方式的优势所在，它可以将原本复杂的真实物理情境分解开来，以简化的方式呈现其中的主要问题。让学生从理解基础的概念、规律开始，逐渐形成更高级、更复杂的思维能力，并为形成解决真实情境问题的能力打下坚实的基础。

正因为我们明白考试的局限性，也理解考试的目的和价值所在，所以，进行题型专题教学不仅仅只为应试考出高分，更希望通过这种特殊的方式提升学生的物理知识与能力水平。

（1）选择题与判断题专题教学

选择题与判断题具有以下特点：试题涉及的物理情境与过程不会太复杂，题干不会太长；学生只是要对结论做出选择，无须书写解答的过程，便于大题量、多角度的检测；方便机器阅卷。正因为它们具有以上的特点，选择题与判断题通常用于考查学生的认知、理解与简单分析的能力。比较多地用于平时的诊断性测试，以及大规模的水平测试及选拔性测试。

选择题包括单项选择、双项选择、不定项选择，以及组合、排序等类型。当前的学业水平考试的题型100%采用的是选择题，通常只有单项选择题和双项选择题；高考题除了这两种类型外，有时还会有组合排序类的选择题，主要出现在实验题中。高考对基础知识、基本规律及基本能力的考查所占的比重，通常达到50%或以上，主要是以选择题的方式出现。

设计选择题专题教学必须符合选择题的特点。其一，由于选择题考查的是应知应会的基础知识和基本规律，一般不会要求太难或太偏的解题技巧，但其涉及的范围非常广泛。故在设计专题时，首要目标是对知识点进行全面识记和准确理解，即必须注重知识点训练的全面性。其二，选择题所考查的虽然是基础知识，但题意的表述往往不会太直接，常常以生产生活的情境作为背景，其中隐含着解题所需要的条件，所以快速正确地求解选择题要求学生有较强的审题能力。在进行专题设计时，必须有意识地训练学生的审题能力一方面让学生熟悉这种风格的题意表述形式，养成严谨的审题习惯；另一方面要有效率意识，即在给定的时间内完成解题任务，提高解题速度。其三，由于求解选择题只能从给定的选项中选出特定数目的正确答案，所以有很强的封闭性，即具有可猜测性。在有限的时间内，完成考查面非常广的选择题，学生难免会遇到涉及陌生知识点的题目，无法准确判断正确选项；这时进行有效的猜测非常有必要。在设计专题时，有意识地培养学生这方面的技能也是不可缺少的。

判断题与选择题非常类似，只有对与错的选择。它所考查的知识点更为单一，可以看作简化后的选择题。它的优势在于针对性很强，特别适合于澄清一些易混、易误解的概念。它可以作为选择题专题的一种补充，表现为选择题专题教学的一部分。

（2）实验题专题教学

实验题专题教学与学生动手实验有根本的区别，不再侧重让学生体验知识的获得过程，而转向为提升对实验原理、器材选择、操作过程、数据测量、数据处理、误差分析等实验知识与技能的掌握。实验题专题教学虽然主要以解答实验题为载体，但其根本目的仍然是提升学生在实验方面的综合能力。在设计教学时，不能仅仅局限于应试要求。教师应该充分理解《普通高中物理课程标准（实验）》与历年《全国新课标卷高考说明（理科综合）》物理部分的深刻内涵，立意要高于应试，又能善于应试。

专题设计策略主要有两种思路：其一，对基本实验的完整流程进行综合训练；其二，将实验题目再分类后进行专项训练。

对基本实验的完整流程进行综合训练，涉及对各个基本实验的实验原理、器材选择、操作过程、数据测量、数据处理、误差分析等常识与技能的训练和提升。以这种思路设计的专题训练特别适合学生动手实验与实验习题的解答相结合、单个实验的复习与同类实验对比分析相结合，可以达到夯实基础、整体把握的效果。

实验题可以分为填空题、实物连线题、作图题、方案设计题、数据处理题等。填空题专题训练又可以分为仪表读数专项训练、数据计算专项训练、实验操作过程专项训练等。仪表读数专项训练包括刻度尺、天平、弹簧测力计、游标卡尺、螺旋测微器、电流表、电压表、多用电表等仪表的操作与读数的训练。由于涉及的仪表较多，还可以将之分为力学和电学两类仪表读数专项训练。数据处理训练专题，针对目前高中的实验教学内容，可分为以打点计时器为核心的纸带计算和以伏安法测电阻为核心的电路计算两类，设计成两个专题。对于任何一个实验均涉及实验方案设计的问题，它涉及实验目标、实现实验目标的途径与手段、实验误差的有效控制、数据的处理等多个方面。实验方案设计专题训练，有利于学生综合能力的提高。实验中的作图题是非常综合、难度较高的题型，力学实验和电学实验中都有。以它为专题，可以有效提升学生的读图能力、作图能力。将实验题目再分类后所进行的专题教学，有利于学生具备初步实验基础后的专项突破。

（3）简答题与计算题专题教学

需要考查学生对物理概念、规律、思维、方法的综合掌握水平时，比较适合以简答题或计算题的方式进行。通常情况下，题目所描述的情境会比较新颖、信息量大、过程较为复杂、涉及多个对象，需要综合应用多个物理规律才能解决。对理科生而言，这是最难突破，但又必须突破的一关。所以，在高三一整年的学习提升过程中，计算题求解能力的训练和提升是重中之重。简答题虽然目前不是考试中的主流题型，但它对学生的情境分析、模型建立、综合应用概念规律进行逻辑推理等能力都有很好的考查功能。在平常的教学过程中，其实用得比较多。它可以作为计算题的一种补充，只是答案更加开放，逻辑推理及表述格式的要求不如计算题那样严格而已。

设计计算题专题教学，可以从教学目的出发，分出不同模式的计算题专题。第一种，以突破核心知识块为主的计算题专题教学。高考中物理计算题少，所考查的知识范围非常有限。综合起来包括以下几块：力学部分有运动力学综合问题、圆周运动、功和能、动量，电磁学有带电粒子在电场及磁场中的运动、电磁感应，还有图像综合问题。所以，计算题专题教学必须具有高度针对性和综合性；以核心考点为主，又包含多个重要考点。如运动力学综合专题，运动力学问题是核心，可以同时涉及圆周运动、功和能、动量等知识。这种模式的专题教学设计，可以与知识块专题教学结合进行。第二种，以提升计算题应试能力为主的专题训练。在真正的考试过程中，其实很少有考生能够完整而准确地解出所有的计算题，尤其是最后一题。于是，如何尽可能多得分，就成为非常关键的应试技能。这种应试技能，除了快速提炼信息、准确分析过程、组织求解思路，还包括书写规范、表述严谨性等因素，对综合能力有很高的要求。到了备考后期，有针对性地进行专项训练，可以快速而有效地提升学生的计算题得分能力。

不管哪种模式的计算题专题教学，所设计的题目都应该包括几个特点：第一，针对考点，有的放矢。第二，准确把握难度，紧扣考试要求，抛弃偏、怪、难的题目。第三，紧扣考试题型风格，信息新颖、多过程、多对象。第四，提供规范的评分细则，让学生完成之后，有可以参照改进的标准。

总的来说，以题型训练为主的专题教学，虽然以提高学生对各种题型的应试能力为直接目的，但更深层次的目的却是提升学生对物理知识和思维方法的应用能力。对高考备考而言，这是非常重要的一个环节，通常在临考前一段时间进行。在这一过程中，教师的精力应重点花在专题资料的编撰和学生解题情况的收集、汇总、点评上，这是此类专题教学高效的关键。

第六章 高中物理规律教学理论与策略

第一节 探究规律型教学模式

探究规律型教学模式以培养学生的物理核心素养为指导思想，提高学生的探究水平为出发点，以高中物理规律的特点为依据，以意义逻辑的分析为基础，通过逻辑推理的探究活动把物理知识组织起来，组织知识的同时建构逻辑方法，最终以命题的形式表述物理规律。探究规律型教学模式应该包含课前的预习性探索、课中的实践活动探究，课后的反思性研究。该模式的结构分为课前探究，建立跨学科跨领域的知识结构，丰富学生的知识经验，了解科学的研究方法；课中探究，借助原有知识经验进行知识的迁移，在探究活动中进行科学的推理，从而建立物理规律，实现对物理规律的认识；课后反思探究活动，通过课后的反思过程，学生可以更加深刻理解整个探究过程在头脑中建立清晰的逻辑结构，同时这也是一个总结课堂上探究活动不足的过程，厘清物理概念之间的关系，应用物理规律，同时也加深对物理规律的理解。

我们认为探究规律型教学模式在课前的探究实际上是一种对未知世界的探索，以更大的视野去理解课堂中要学习的物理规律；课中的探究是对新旧知识的碰撞产生的问题的研究解决，需要借助科学的实验，科学的方法，科学的思维，需要具备科学的态度，这一过程离不开教师的指导；课后对探究的反思本质上也是一种探究，是对反思过程中出现的问题的"一探究竟"，所以课前是"了解探究什么"，课中是"通过探究学到什么"，课后是"还有什么需要探究"。所以探究规律型教学模式在整个操作过程中，探究贯穿始终，物理核心素养的思想也渗透在其中。

一、探究规律型教学的理论基础

物理教学论指出"物理规律反映了物理现象、物理过程在一定条件下必然发生、发展、变化的规律，反映了在一定条件下某些物理概念之间内在的，必然的本质联系"。物理规律一般具有以下特征。

（一） 物理规律的客观性

其客观性决定了在高中物理规律教学中，要做到以物理实验事实为基础，其次就是使用特定的术语和符号陈述物理规律。所做的物理实验一定保证物理现象能够重复，所用于表达的信息符号足够科学。

（二） 物理规律的真理性

在高中物理规律教学中要告知学生可以接受并认可某个物理规律，但是并不能完全去相信该物理规律的真实性，因为任何建立起来既定理论都有可能随着科学的发展而被改变，物理规律的真理性决定了，我们在探究物理规律时要经过实践检验，这种检验可以是证实也可以是证伪。

（三） 物理规律的因果性

反映物理现象和物理过程的发生，物理规律的因果性不是观察概括，而是推理的结果。例如欧姆定律，但我们认为它是从电表指示的电流和电压的量值关系中概括得出时，这属于经验的概括，并不涉及因果，当我们把电阻定义为导体的属性，把接入电路中的导体的电阻及其电压和电流定义为电路系统的属性时，欧姆定律就成为被认为是在电路系统中能够影响电压表和电流表示数的那些倾向或趋势的关系表征。

（四） 物理规律的必然性

恩格斯说"单凭观察所得的经验，是绝不能充分证明必然性的。"物理规律在必然性方面的体现主要有两个层次的含义："一方面是，物理规律表达的是客观事物之间相互作用与联系的必然趋势，另外一方面则是，必然性是在探究活动中认识过程中建构的，并不抽取于现实。"

二、高中物理规律的类型

高中物理规律是高中物理知识的主要框架，它是若干物理概念之间的纽带，体现着这不同概念之间的内在联系，能够反映出物理现象在一定的条件下发展趋势。物理定律属于物理规律、物理定理也属于物理规律、物理定则同样属于物理规律。

物理规律一般也称为实验定律，可以直接观察，可以测量，具有较强的确定性，可以解释相关的物理现象，同时也需要相关的理论对其进行解释。物理定理一般可以称为物理理论，可以用数理逻辑推论得到，这种规律我们一般要运用实验堆积进行检验。

物理定则就是使用数学的运算方法对物理的现象进行变换的规则，比如力的平行四边形定则，它是矢量的数学运算应用于力的运算和变换的方法规则。

三、建构主义理论

建构主义的知识观认为知识并不是对现实的准确表征，也不是最终答案，而是一种对现实的解释、对情境的一种假设。并且也不能把知识看成概括世界的法则，知识在具体的问题情境中，并不是拿来就用，一用就灵的，应当针对具体的情境进行知识再创造。虽然知识通过语言符号获得了外在形式，有些命题和定理也得到了普遍认可，但是环境，遗传，教育等因素的影响，使得不同的学生对于命题有着自己独特的理解。

建构主义的学生观认为学生的经验世界是丰富的，强调学生具有巨大的潜能，并且每个学生在活动和交往中形成了自己的个性化、独特性的经验，每个人都有自己的兴趣爱好和认知方式，所以教学不能忽视学生的原有经验另起炉灶，而是要把学生现有的知识经验作为新知识的生长点，引导学生"生长"出新的知识经验。

建构主义的教学观告诉我们知识是动态的、相对的，教学也不能仅是传递客观而确定的知识，而是应该激活学生的相关经验，促进他们知识经验的"生长"，以实现知识经验的重新组织、转换和改造。

四、皮亚杰的发生认识论

皮亚杰从哲学认识论层面上说明了认知的发生、发展过程，其独特的发生认识论的思想体系成为现代西方心理学史上的一种创造。他以生物学作为基础，研究出了认知图式论，建构主义理论和认知心理学理论也是以此作为基础发展起来的。

皮亚杰认为个体的智力发展水平都离不开相对应的认知结构。认知归根到底是一种思维的结构，其实是主客体的协调作用。在环境中认识新事物的过程中，新的感知和已有的认知结构发生进行协调，从而影响对当前事物的认识。这种新旧知识经验相互作用的过程，又可以理解为认知过程，其存在着图式、同化、顺应和平衡几种形态。图式是心理活动的框架或组织结构，是个体对世界的理解的方式。所以，图式是在认知结构中既是起点也是核心。探究式教学要求学生自己建构认知结构，吸收新的知识经验之后，不断的丰富已有的认知结构，形成新的认知结构。

第二节　构建高中物理探究规律型教学模式的必要性

高中物理的主干线就是基本的概念和基本的规律，它的基本结构就是由基本概念、基本物理规律和方法以及这几者间的相互作用构成。如果把高中物理看作是摩天大厦，那么其地基一定是物理基本概念，而整个建构的架构一定是物理的基本规律，若想大厦屹立眼前，更重要的是要找到恰当而有效的建构方法。如果想让学生了解整座大厦，那么我们就要让学生掌握物理学科的基本架构，高中物理基本规律的掌握则是必要条件。

一、新课程标准对物理规律教学的要求

在《普通高中物理课程标准》（2017年版）中提出"物理规律的探究需要创设问题情境。学生从情境中发现和提炼问题，对问题的可能答案作出假设，并根据问题情境运用已有知识制订探究计划，选择符合情境要求的实验装置进行实验，获取客观、真实的数据，通过对数据的分析形成关于物理规律的结论"，显然，物理规律的学习并非在学生背诵下掌握的，越是要学生深刻地掌握物理规律，越是要在教学上下功夫，要以实验作为重要的媒介获得数据，客观地分析所得数据，得出物理规律。物理规律的教学是整个物理学习的重点，探究式是掌握其最有效的教学方式，而实验又是探究的重要载体，通过梳理，我们发现在物理程标准中也恰巧说明了这一点，规定必做的实验中有70%左右是属于物理规律的。

在《普通高中物理课程标准》（2017年版）中一再强调，物理课程中要重视科学探究和物理实验，实验室是学生探索物理规律、提高实验能力的重要场所。学校要根据学生人数按国家标准开设足够的专用实验教室，配齐配足实验器材，要根据国家有关规定，依据标准把物理教学所需要的设施设备配备齐全，在经济条件支持的情况下改善提高物理实验器材的质量和配置情况，以培养学生的科学态度和探究能力。而物理实验也并不仅仅局限于对当前教学中的物理规律的掌握，而应该将眼光长远地放在物理实验中能够培养学生发展探究能力的方面。这样就对教师创设情境的设计提出了更高的要求，创设的情境并非只是单纯的引起学生的学习兴趣，一笑而过，之后又不知所云，而应该让学生在实验中，思考，观察和体验后有所想、有所思，能够萌发出相应的科学问题；实验中的教学任务也并非只是简单的"就题论题"，而应该让学生运用科学思维完成任务，在指导中自己能够提炼出值得探究的科学问题。

二、高考对高中物理规律的考核要求

在以往的高考物理中，物理规律被考核几率比较高的主要是牛顿运动定律的应用，机械能守恒定律的理解和应用，动能定理的理解和应用，万有引力定律的理解和应用，动量定理的理解和应用，动量守恒定律的理解和应用、能量守恒定律的理解和应用，部分电路欧姆定律计算、全电路欧姆定律的计算，还有选修的库仑定律计算、楞次定律的理解和应用、法拉第电磁感应定律的理解和应用、理想气体状态方程的理解和应用、气体实验三定律的理解和应用、透镜以及光的折射定律的应用等等。不同的考查形式侧重于考查学生不同的能力，例如选择题则侧重对学生理解能力和逻辑能力的考查，而实验题则侧重的是学生对节本实验方法的理解应用。

《普通高中物理课程标准》（2017年版）中对于高中的学业水平合格考试规定了考查内容为物理必修内容，同时基本概念的了解和基本规律的认识都是考查的重点内

容，对于高等院校招生录取的学业水平等级性考试的考查内容为高中课程标准规定的必修和选修两部分内容，依然强调物理概念和物理规律的理解和运用，物理规律依然是考试的重要内容，而考察的形式也是多种多样。

在2018年9月，我们对某市某区高考物理2000多份试卷进行了分析和研究，其统计结果虽然不能完全代表目前高中物理规律教学的现状，但是对于物理规律教学而言也有一定的价值，如表6-1所示，抽样统计的物理试卷题目总结了涉及物理规律内容的考核，每一道题目并不只是含有单一的知识点同时还涉及物理规律，操作能力等不同方面的考核。从分析的结果看，还是能客观地反映出学生对物理规律的理解运用情况。

表6-1 高中物理规律考核情况统计表

题号	涉及物理规律的内容	题型	满分	均分	得分率/%
2	动能定理，机械能守恒定率	单选	6	5.27	87.83
3	牛顿第二定律，动能定理	单选	6	5.12	85.33
4	电磁感应定律	单选	6	3.82	63.66
5	折射率	单选	6	5.45	90.83
6	万有引力定律	多选	6	5.13	85.5
7	动能定理，机械能守恒	多选	6	3.28	54.67
9	动能定理，动量守恒	填空	4	3.06	76.50
12	动能定理，匀变速直线运动规律，牛顿运动定律	计算题	16	11.42	71.37
14	电磁感应，牛顿定律	计算题	20	8.37	41.85

有表6-1我们看出凡是和物理规律记忆内容相关的题目，学生的考核分数就比较高。就像第4题，是关于折射率，频率，波长和能量之间的判断的题目，由此可以说明大多数的学生都善于对物理规律进行识记，而且在考试中能回忆起知识。

一些简单的生活情境中的物理问题，不涉及较繁琐的逻辑计算，学生在处理过程中也是比较得心应手，但是对于复杂的考查学生运用能力的题目，学生做的就没有那么顺利，如第7题，运用动能定理，分析功能关系，这说明学生对物理规律的理解不透彻，一知半解，平时练习的程度也不够，所以运用程度较差。

然而当题目是综合运用几个物理规律时，学生处理起来便会非常棘手，难以将题目完全解答正确，如12、14题，这主要是因为这些题目不仅仅是考察了一个物理规律的理解应用，同时还将其他的物理规律融入其中，多个物理规律相互联系，盘根错节，就会让学生觉得难以入手，丈二的和尚摸不到头脑一般，没有解题思路。这也正说明了在物理规律的理解方面和应用方面还不够熟练，物理规律的应用情境对于学生而言还不是很清楚，所以，若要综合地提高解决问题的能力，还需要在平时的学习过程中把功夫下到。

就目前的情况来看，学生依然使用记忆的方式学习物理规律，不去深入思考理解物理规律、对于知识的迁移能力和归纳总结的学习意识还需要提升；而教师在教学过程中，以讲述物理规律为主，各种原因使得通过实验探究物理规律难以实现；不重视创设问题情境，发现规律，进行实验探究认识物理规律，最后分析统计数据获得规律的过程，不符合新课程标准的教学理念。

三、提高教师物理规律教学效率和适应教学改革的要求

2018年1月教育部印发了物理等14门学科的《普通高中课程标准》(2017年版)，并在2018年秋季执行，相比于2003版的课程标准，它更强调了物理学科的育人功能，更能凸显思想性，科学性、时代性。这样的背景下我们对某市某区的高中物理教师进行了问卷调查，了解教物理规律教学的影响。

2018年11月底向某市河东区，东丽区，河西区，河北区四个区中的八所高中发出200份调查问卷，收集资料，由于各位老师的帮助和同学们的配合，收回了198份。经过仔细的统计，其中熟悉过课标的老师人数仅有87人，占总人数的43.9%，由此可以看出，新课标的颁布对于一线教师的教学实践的指导作用在逐渐开始，这直接影响到教师对核心素养下的教学理念和教学观念的把握，进而在对待物理规律教学上会存在一系列问题。一些一线的教师已经意识到如果达到相应的培养目标，变革教学方式是必要的手段。198人中有106人认为物理规律的教学方式需要改变，占总人数的53.5%，物理规律掌握不好也有50.5%的教师将其归因于教学设计得合理与否，这说明物理规律教学中的问题，已经为多数教师所发现，并力求改变，但是从备课角度上看，发现一线教师的关注点在于"教师的教"对于"学生的学"关注得并不多，占总人数的58.6%的教师在备课时主要在考虑如何教，而不是考虑学生如何学。在谈及学习物理规律的有效方式时，176位教师占总人数的88.9%认为还是要以讲解为主来掌握物理规律，由此可见，教师的问题意识和实践教学并不一致，存在相当大的脱节。关于物理规律探究过程是否重要，只有49.4%的教师认为是重要的，涉及到是否会关注学生在物理规律学习时的核心素养变化，则只有28.3%的教师会关注。这说明一部分教师认为探究物理规律的过程是重要的，但是对于如何在课堂上进行物理规律的探究，缺乏一定的方法，当涉及到物理教学模式时，我们发现教师对于教学模式的了解则只有13.1%，还有一些教师表示，对于教学模式的认识并不系统，由于时间和精力的问题不会自主研究教学模式应用于教学。

通过对调查结果的分析，我们可以得知：物理课堂教学还是主要以老师的个人想法以及经验基础为主，教师的问题意识有所提高，但是教学实践中的问题，并没有在这种意识下得到解决，对于课程标准中提出的教学要求和教学目标，并没有以新的教学方式予与之呼应，仅仅是在旧的教学策略上加以修改，讲授新课，缺乏创新。也正是教师一味地关注"如何教"的问题，而将学生"如何学"的问题边缘化。从"教师

教"转向"学生学"，才能了解学生的学习过程，观察学生在物理规律学习中探究能力的变化，从而促使学生科学探究思维的培养和科学探究能力的提高。"学习者不应是信息的被动接受者，而应是知识获取过程的主动参与者"是新课程改革的倡导理念。所以选择正确有效的教学模式，满足"新课程标准"中提出的要求，培养学生对物理规律的探究意识。

四、培养学物理核心素养的要求

在对教师教学有了一定的了解后，又对某学校高一年级 400 个学生的学习情况进行了相关的调查，在调查中显示 53.75% 的学生学习物理希望教师能够引导自己，主要的学习活动由自己进行，38% 的同学认为在和同学相互讨论中，通过实验掌握物理规律是比较好的学习物理规律的方式，30% 的同学认为学好物理规律知识教师的讲解是最重要的，还有少部分的同学则认为自己的思考和研究是掌握物理规律的关键方式。虽然学生对于学习成绩的高低是非常在意的，涉及到在课堂上探究物理规律的问题时，67% 的同学认为对于考试是没有帮助的，但是人内心那种根深蒂固的需要——总想感受自己是发现者、研究者、探寻者，使得同学生更渴望自己在实验中自主获得物理规律。但是如果不及时满足这种需求，即不能够积极地接触事实和物理现象，缺少认识带来的乐趣，这种探究需求就会慢慢消失，随之求知的兴趣也相继消失，所以选择恰当有效的教学方式不仅仅是保护学生的求知欲，还能让学生知道掌握知识与发展能力并不是割裂开的，适应学生发展规律的教学方式才能为学生所接受，才能使教学更有效，而这种有效的教学就需要以教学模式为依托。

一线教师已经意识到现有的教学方式实现物理规律教学中核心素养下的培养目标已经比较困难了，并且在已有的物理教学中并没有找到将实验、探究和应用结合在一起，并且还能遵循物理规律自身的逻辑的方法策略。而学生的成长和发展也有自身的规律，忽略任意一方面，都将影响教学目标的达成。学生对于学习内容的掌握也有其自主性，从调查上来看，学生希望以开放的，实践的活动形式来学习物理规律，这为我们选择正确地创建有效的物理教学模式提供了实践支持。针对目前的物理规律教学现状，以新课标的教学要求为根本依据，建立了既能掌握物理规律又能使学生在学习活动中探究能力得到提升的探究规律型教学模式是非常有必要的。

第三节　探究规律型教学模式的构建与实施

为了适应新一轮的课程改革，建构高中探究规律型教学模式，在完成新课程标准规定的教学任务时，着重培养学生的探究水平，提高物理规律的教学效率，最终提升学生的物理核心素养。通过对物理规律的教学现状和学习现状的分析，我们发现教师往往"一法多用"，对于物理规律教学没有具体的教学模式。学生对于物理规律概念之间的逻辑意义并不清楚。面对新课程标准的要求，教师希望能找到一种适应物理规律教学的方式和策略。面对考核的灵活性和对物理学习能力要求的提高，学生希望学习可以是开放的，实践的。那么以培养物理核心素养为指导思想，提高学生的探究水平为出发点，以高中物理规律的特点为依据，构建探究规律型教学模式就显得尤为重要。

一、物理规律教学的基本理念和要素

（一）物理规律教学中逻辑方法的建构

发生认识论认为，认识就是不断的建构，物理知识和逻辑方法都是通过主体与客体的相互作用建构起来的，这就是说客体在情境中提供了有关信息，而主体通过操作的和思维的各种活动，对这些信息进行加工，以某种合适的形式加以组织并把它们呈现出来。主体是靠做什么来构建知识的，在这个过程中，逻辑方法是在物理内容被组织起来的同时而被建构起来的，也就是说，逻辑方法是物理规律建构过程中内在的，固有的部分，进一步来说，在不同的教学阶段中，学生可以解决不同类型的问题，在解决问题的过程中学生都要学习或运用某些研究方法，以理解问题的意义，寻求问题的答案。这是一种内容和形式之间辩证相互作用的过程，这样我们就能合理解释课程标准中"通过物理规律的学习过程，了解物理学的研究方法"教学思想。

（二）物理规律教学中的逻辑推理

在物理教科书中，物理规律是以文本形式命题，物理规律是物理知识体系的一部分。对于已经系统化的知识，命题之间的逻辑关系是形式逻辑。例如，我们说"从实验结果归纳物理规律"这是对事实和规律两种命题之间逻辑关系的描述。然而物理规律教学并不是按形式逻辑推理进行的。从教学实践上看，物理规律的教学是按一种意义的逻辑展开的。

我们可以把一个物理规律的陈述看作由一些概念，术语，关系，以及逻辑联结词等构成的文本。我们对某个词语的理解是针对它表达的一种意义，各个词语之间的意义联系是一种意义的逻辑，这种意义逻辑既存在于文本的陈述中，也存在于教学活动中，每一项教学活动都有预期的教学目标，在教学活动中的推理导致某种意义的产生。教学活动中由推理产生的意义之间的联系，就构成了一种意义的逻辑。

二、物理规律教学的阶段

物理规律的教学一般包含三个阶段，首先是创设情境，认识物理现象；其次是建立物理规律，理解物理规律的意义；最后是应用物理规律。这三个要素也可以看成是学习物理规律的三个不同水平的阶段，在每一个阶段都有对前一个阶段所得知识的重新组织，也有对前一个阶段的补充和充实，三个阶段把一个连续的过程分割开来。

（一）创设情境，认识物理现象

认识物理现象是通过创设情境来实现的，创设的物理情境可以展现某个物理现象或物理过程，并使它成为认识物理规律的客体现象和问题情境。创设情境意味着构建一个探究物理规律的教学环境，促进师生共同参与教学活动，在情境中完成教学任务。创设情境的教学任务，是把学生在与情境相互作用的活动中所获得的经验转化为物理现象或过程清晰、准确的描述，达到对现象的表征。

（二）建立物理规律，理解物理规律意义

我们一般基于物理现象去建立物理规律，并且把物理规律以恰当的方式表述出来，还要阐述清楚其适用的范围和物理意义，物理规律教学就应该寻找建立物理规律的共同机制。在2017年颁布的《普通高中物理课程标准》中，要求运用实验探究物理规律，这就要求把物理规律置于创设的问题情境中，并且把科学探究与物理实验相结合在一起，并且通过相应的实验去得到相关的信息，这些信息即是推理判断的依据。

理解物理规律的意义是指学生既能理解物理规律的知识内容，又领悟其蕴含的物理思想和科学方法，也就是包括知识，方法和价值观三个方面的教学目标。促进理解物理规律的活动是多种多样的，可以在具体的情境中理解物理规律，也可以在探究过程中理解物理规律，在建构过程中要运用到一定的科学方法，这些被运用的科学方法可能是学生已有的逻辑思维方式，也可能是习得的方法技巧，只有当事后反思的时候，才能表现出高度规范的理性活动，把这个解决问题的过程，认为是运用了某些科学方法的结果，把"科学方法"从活动过程中提取出来，做出清晰的阐述。

（三）应用物理规律

应用物理规律就是把物理现象和物理规律整合在一个完成的理论体系中，就是知识结构和思维结构的相互转换、整合和建构。认识的结构在应用物理规律中也随之发生变化，原来的知识也具有了新的意义。

三、探究式教学与物理规律教学

物理规律的学习，本质上是一种认识活动，它需要的是学生进行主动建构，依据认识的逻辑顺序来说，其应当从观察事物，再到进行实验来获得物理事实，最后记录并且描述不同的物理量之间的关系，然后基于此，数理方法与逻辑推理方法结合运用，归纳物理规律，整个过程遵循一定的顺序。探究本身就是一个从属于问题的活动和过程，进行科学探究的方法和过程是具体的和情景化的，同时还与提出的问题和参与者的状态都有关系。由此可见，物理规律的学习过程与探究过程某种程度上来说存在一致性。

教科书中的物理规律和物理概念，学生可以通过探究活动去学习，在学生建立概念和认识规律之后，用掌握的知识来分析解决生活和社会中实际问题，在物理课程中，是用物理规律和原理来解释现象的，并追求对现象解释的完备性，这就要求改变

探究的问题和方向，转向探究物理规律。由此可见，探究规律的过程，我们可以看成包含探究要素的模型，而不是一种固有的，有序的步骤和方法。探究规律的模型，包含了创设情境提出问题后，进行猜想假设，这种假设是要根据具体的教学内容和学生的知识体系而定，之后就是学生根据自己的假设还有猜想，来设计探究规律的实验，然后实施实验，并且能记录相关数据和现象，然后是分析论证评估交流，接着通过对数据或现象处理分析推理概括最终得到某种规律。

四、构建互助型共同体

文化对教育的影响越来越大，这是随着对教育学研究的不断深入而对教育认识的深化。布鲁纳主张建立互助型学习共同体，构建互助型教学氛围，其社会运作的机制是合作，布鲁纳认为在强调学科基本结构、关注学生认知结构的同时，重视意义的寻求也同样重要。个体的发现学习固然重要，同他人协同完成任务的效果也不容忽视。发展人际之间的认知不同于个体的认知，在这个互助性的学习共同体中，所有的学习者都是这一学习共同体的参与者，学习者在学习地位上都是平等的，能够最大程度地实现物理规律的有效教学。高中物理教学改革注重教学环境的人性化，教师不可过于注重结构化，用套用的固定程式框住学生，反而弱化了学生的学习积极性，影响学生的个性成长与自由发展。学习的最佳条件是有参与感、有社群性、合作性的，互助型共同体的最佳状态是"根据每各人的能力而自发的参与思考"，在这样的共同体中，学生做到各尽所能，互助互学，更能激发学习兴趣，更利于探究，更能有效培养学生的核心素养。

五、构建探究规律型教学模式

探究规律型教学模式以培养学生的物理核心素养为指导思想，提高学生的探究水平为出发点，以高中物理规律的特点为依据，以意义逻辑的分析为基础，通过逻辑推理的探究活动把物理知识组织起来，组织知识的同时建构逻辑方法，最终以命题的形式表述物理规律教学活动策略或方式。

（一）探究规律型教学模式的构建原则

（1）物理教师主导，学生主体原则

这一组织结构应该是合作的和严谨的，其进展要由教师按照计划进行，教师应该让学生独立大胆地进行探究。当学生学会了在探究规律的原理被学生掌握后，那么探究活动就能够再进一步扩展到利用已有的资料与其他的生活进行对话、试验还有与教师的探讨等方面。在探究的开始阶段，教师的主要任务就是去创设具体的问题情境，有效的控制指导学生的探究过程，并且根据学生的进展提供必要的指导和信息资料，帮助学生展开对问题情境的讨论，一段时间后，探究活动就可以从教师主导转向学生拥有更多自主性。

教师应使学生处于问题情境之中，引导他们提出假设，激励他们收集相关资料，教师要适当的提出新问题，引导大家集中于某一特定问题或是提出新问题推动探究进行，所以教师的中心任务并不是确定某一物理规律事实，而是应该将探究活动直接指向探究过程本身，鼓励学生从事严谨的科学探究。

（2）满足合作探究的成就欲望的原则

高中物理规律虽然繁多，但不是所有的物理规律都要去进行探究，不能为了探究而探究，这就违背了初衷，所以要在能够探究的物理规律教学中使用该模式。另外，教师还要能够进行科学的引导，提出的问题要有价值，引起学生的探究欲望。探究物理规律一般离不开物理实验，所以学生要具备基本的选择实验器材和使用实验器材的能力，对探究物理规律有一定的向往。

人所具有的成就欲望是指一个人去做自己认为很有价值的工作，想达到完善地步的一种内在推动力量。根据马斯洛需要层次理论，我们知道人人都有自我实现的需要，每个学生都希望在探究活动和交往中获得相应的成就来满足这种需要；所以，教师应该因时制宜、因时制宜、因人而异来运用成就激励学生，通过创造各种有利的条件和具体情境让学生原有基础上取得进步，逐渐走向成功。

（3）逻辑建构的原则

这里所谈的逻辑建构，既包含了逻辑方法的建构，也包括了逻辑意义的建构。在物理规律教学中要运用物理科学的研究方法使主体去理解和组织客体所提供的内容，直到达到预期的目标。或者说要引导学生通过物理规律的学习过程了解物理研究的方法。客体在情境中提供了有关信息，个体通过操作和思维的各种活动，对这些信息进行加工，并把它们呈现出来，也就是说主体是靠"做什么"来建构知识的，所以逻辑方法是探究过程中固有的，不可缺少的一部分。

在教学活动中由推理产生的意义之间的联系就构成了一种的意义的逻辑，这种意义的逻辑是建立在意义传递和意义的蕴含的基础上的，它是内容之间的意义蕴含而不是形式之间的逻辑关系，只有在意义的逻辑建构中才能把物理现象和物理规律两种不同的东西联系起来。

（二）探究规律型教学模式的要素

（1）预习性探索

学生在学习新知识之前，做好预习，这种预习不是让学生直接阅读课本，而是教师布置一定的课前实验和阅读相关的文献，围绕即将展开的学习任务进行有针对性的探索和思考。这有助于原有知识经验的增长，也有益于新旧知识的迁移，尤其是高中生经过初中的学习，具有大量的前概念，这些前概念会对新概念的内化产生一定的影响。预习性探究，一方面让学生自己认识新旧知识之间的联系与区别，产生认知冲突，带着问题来认识物理现象，学习物理规律；一方面，让学生搜集与新知识相关的跨学科，跨领域知识，丰富学生的知识储备，促进学生的思考，在课前就产生问题，这种问题并非一定是科学性的，有准备地走进课堂，将教师的提问与自己问题进行比较分析，最终学生的问题通过课堂的探究和教师的指导解决，这个过程训练学生的科学思维和提出问题的能力。

（2）提出问题与假设

提出问题与假设对应的是课堂开始部分，这时候创设的情境更具有针对性，可以部分解释课前的探索，并对它进行进一步的拓展集中，形成更为科学的问题，提出"物理"问题。创设情境意味着构建一个探究物理规律的教学环境，促进师生共同参与教学活动，在情境中进行教学、解决问题，引发一种观念的转变。创设情境并非只是为了引入课题，而是把物理规律教学的整个过程置于所创设的情境之中。要引导学生在创设的情境中"提出问题"，被提问的东西要有"问题性"，贴合课程内容，以免问题偏离课程的内容，造成无效的教学。我们在探究某个物理规律，就意味着这个规律向我们提出了一个问题，而把规律的文本表述看作对这个问题地回答，这样我们就被带到了探究的进程中，去寻求这个问题的答案，理解了问题，提出自己的假设，为后续的实验设计和实施起到了一定的指导作用。

（3）实验计划与设计

实验的设计对于学生而言是有一定难度的，但同时也考察了学生的探究能力，学生不仅要有实验原理的储备，还要根据知识原理选择实验仪器，综合多种因素去设计实验，通过记录表格或绘制图像的形式呈现数据出来，小组成员合理的进行分工，集体评估计划的可行性，协调好不同任务之间的关系。在此期间，教师要及时指导学生，帮助学生认识实验中的错误，从而保证实验能够顺利进行。

（4）实验实施与数据收集

如果在实验的设计过程进行得较顺利，那么这一阶段相对容易一些，可能会因为实验仪器本身的问题，以及学生对实验仪器的使用熟练程度会对实验的实施有一些阻碍，但是及时解决问题，并让学生多次进行实验，一是能增加学生对仪器的熟练程度；二是，可以收集到更加精确的数据，减小实验的误差。在收集数据的同时，学生又对实验的实际情况有更加深刻的认识和理解，从而修正改进实验，这其实也是对自己进行实验的一种监督和评估。

（5）评估与交流

组间和组内的交流充满整个探究过程，但是，实验是以小组为单位进行的，所以组内的交流和组间的交流相比要更加地密切和频繁，由于时间的限制，组间对于实验结果和实验方案的讨论和交流较少。从以上几个阶段我们不难看出，对于实验的评估其实贯穿于整个教学过程，不论是在实验设计阶段、还是实验实施阶段，还是物理规律得出后的阶段都蕴含着对实验的反思评估，这也体现了学生根据已有经验知识或是实验中新的认识评估探究过程的优点和不足，以便提出改进方法或是更科学更准确的实验方案。

（6）规律的分析与表达

在学生通过实验获得数据后，对物理量进行分析判断，把握其中关系将物理规律表达出来。物理规律的表述通常有三种形式，即文字的表述、数学表达式和图线（或表格），表达形式虽有差异，但是表达的内容和意义是相同的。物理规律的数学表达式可以在一定条件下由数学变换得到一些变式，这些变式可以看作演绎推理的结果，变式对于理解物理规律或解决实际问题都有重要地作用，所以我们应当鼓励学生用符号代替文字和物理量，把握探究过程中变量之间的数学关系，采用数学的形式表达物理规律。

（7）反思性研究

反思性研究是针对整个探究规律的过程而言，课后的反思比直接应用物理规律解题更为重要。反思不仅能让学生生长出新的知识，还能帮助学生理解物理现象，物理概念，物理规律的实质性的联系和逻辑意义，从而理解性的应用规律，并非简单的套用公式，通过课后的反思过程，学生可以更加深刻理解整个探究过程在头脑中建立清晰的逻辑结构，同时这也是一个总结课堂上探究活动不足的过程，更能加深对物理规律的理解。

探究规律型教学模式形式是多样化，本质上来说，它有以下要素在实践中，课堂上探究过程中的各要素不必按照顺序进行，在整个实验过程中，实验实施与数据处理出现的频率相对较高。要素二是教师引导明确课堂上所要研究的中心问题，给学生一定的范围，并非盲目无效地做出假设，提出问题的方式则依据教师的教学需要而定。要素二是实验的设计，要考虑实验器材的选择，思考如何获得相应的物理量，怎样设计表格获取数据。要素四是学生在学生进行实验的过程中，小组合作获取数据，并解决实验中遇到的问题，优化方案。要素六则是指学生通过获取的数据进行逻辑推理和数理运算发现规律并进行表达的过。

表6-2　探究规律型教学模式要素

要素一	要素二
预习性探索	提出问题与假设
要素三	要素四
实验设计与计划	实验实施与数据收集
要素五	要素六
评估与交流	规律的分析与表达
要素七	
反思性研究	

（三）探究规律型教学模式应用

高中的学生具备了初中物理知识，同时也具有一定的探究水平，所以探究规律型教学模式对于学生来说也不是很陌生，而且大多数学生是喜欢小组合作，自主探究学习的。这就为实施探究规律型教学模式奠定了一定的基础，但是高中物理规律的探究，对实验器材的选择，以及实验方案的计划，数据的收集与处理，都提出了较高的要求，所以在课堂上探究物理规律并不像想象中那么容易。

探究规律型教学模式在应用时，几个要素蕴含其中，并非程序化地按步骤进行，有些要素可重复出现，例如，实验的实施与数据收集，当一节课中涉及到多个实验时，这一要素可以反复出现。另外在运用模式过程中要把学生的注意力引向探究的过程而非确定性的物理规律，当探究的物理规律和其他材料对问题情境不太有效或不太合适时，建议教师向学生做出问题陈述，寻找有效的探究线索，让学生意识到探究的过程，并且能够系统地将其发展。

（四）探究规律型教学模式的教育影响

探究规律型教学模式促进了探究策略价值观和态度的发展，这对于探究精神的培养是非常重要的。探究的主要学习效果在于过程，包括观察、收集组织资料，明确和控制变量，形成和验证假设、提出解释和做出推理，而探究规律型教学模式恰恰是将物理规律自身的特点和探究的几个要素综合成了一个独立而富有意义的学习单元，物理规律的学习总是包含着某种推理，而逻辑恰恰始于推理，探究规律型教学模式正是建立在意义的传递和意义的蕴含基础上的。

探究规律型教学模式通过使学生提出问题和验证假设，来促进他们学习的自觉性和积极性，发现探索便是学生的天性，在探究中找到快乐，这会使学生精于语言表达，善于倾听和接纳别人的意见，虽然这种教学模式关注过程，但是也推动学生将探究物理规律作为疑惑问题背景材料进行高效的学习。

（五）探究规律型教学模式的三个阶段

探究物理规律的过程不仅包含了课程内容、知识背景、假设和猜想、仪器和数据，还包含了教师与学生之间的交往，和其他相关的社会因素等，也就是包含了获取知识和技能的所有可能的活动和情境条件，所以我们将探究规律型教学模式的操作看成一种实践活动，并不仅仅局限于科学探究的活动，基于此，总结出三个活动阶段：实践活动操作定向阶段，实践活动操作分析阶段，实践活动证据分析阶段。这三个阶段中分别蕴含着科学探究的要素，也是探究规律型教学模式的核心要素。

（1）实践活动操作定向阶段

实践活动操作定向阶段包含了两个过程，分别是创设问题情境解读物理现象和提出问题与假设。这一阶段中我们主要通过创设一定的教学情境，其实质就是构建一个探究物理规律的教学环境，促进师生共同参与教学活动，教学产生在学生，教师与情境互动过程中。创设情境的教学任务就是把学生在与情境相互作用的活动中所获得的经验转化为物理现象或过程清晰、准确的描述，达到对现象的表征。

"提出问题"是科学探究的第一个要素，问题的提出是以物理现象的理解和解释为基础的，是由科学认识的概念框架所决定的。问题来自于从情境本身出发进行的思考，学生处于一个问题情境中获取情境提供的信息，运用已掌握的知识和技能去寻求问题的答案，产生新的知识。

（2）实践活动操作执行阶段

实践活动的操作执行阶段包含了两个过程，分别是选择科学方法和确立实验事实展现物理规律规则性。这一阶段中我们主要让学生选择科学的逻辑方法，进行实验操作，合理制定实验计划，根据实验的现象来分析物理规律，这一阶段中，典型物理实验和逻辑推理起着重要的作用。

一个典型的具有代表性物理实验，其背景知识和实验目的是明确的，经过精心的设计排除干扰因素，所有相关变量都得到了控制，在这样的实验情境中，与所探究的物理规律相联系的物理现象能稳定地可重复地展现出来，得到预期的实验结果，这使我们相信，从一个典型物理实验中就能获得建立物理规律的所需的全部信息，或者说物理规律的意义在典型实验情境中被具体化，情境化和操作。

（3）实践活动证据分析阶段

实践活动证据分析阶段包含了两个过程，分别是证明物理规律与实践结果的一致程度和以恰当的方式表达物理规律。这一阶段依据前一阶段实验中获得的有关信息，通过逻辑推理，建立物理规律。在建立物理规律的过程中，运用的逻辑推理有多种形式，不同类型的物理规律的建立有不同的逻辑推理。

物理规律的表达一般有三种形式：文字表述、数学表达式和图线。虽然这三种表达的形式不一样但是表达内容和意义却是统一的。不同表达形式的转化是以对物理规律的意义和规律表述中各个组成要素的理解为基础的，有时候同一个物理规律在不同的课程中可以有不同的表述和不同的教学要求。

（六）探究规律型的教学模式的策略

（1）课前准备工作，给出预习性探索的指导意见

教师要认真分析教材，思考是否能利用本节课的内容设计一个趣味小实验，或者本节课的内容在生活中有哪些具体的应用，甚至与哪些较为前沿的发明、发现有关，设计教学并开发可利用资源，结合所教内容，跨学科延展知识，进一步思考如何通过这些内容吸引学生对本节课的学习兴趣。给学生一定的预习方向，避免学生漫无目的地学习，学习效率过低。

（2）课上的实践探究活动，遵循三阶段、六部分、五要素

课上的物理规律教学过程中，遵循三个阶段：实践活动操作定向阶段，实践活动操作执行阶段，实践活动操作证据分析阶段。六个部分即情境中解读物理现象；提出问题进行假设；组织知识与内容选择科学方法；确立实验事实，展现物理规律的规则性；证明物理规律与实验结果的一致性程度；选择恰当的方式表达物理规律；五个要素是：提出问题与假设；实验设计与计划；实验实施与数据收集；评估与交流；物理规律的分析与表达。

在实践活动操作定向阶段，教师要创设情境，让学生在情境中认识物理现象，并且对物理现象进行理解和认识，触发学生的原有经验与新的知识的联系，进行思考，提出物理问题。这一段主要让学生明白要探究的内容什么，为什么要进行探究。

在实践活动的操作执行阶段，让学生首先确定所要探究物理规律的类型，思考所要使用的科学方法，在实验探究、物理现象和物理规律之间建立有意义的联系，不同的科学方法反映着不同的思维方式，教师根据不同的思维方式进行恰当的指导，设计典型有效的实验，获得建立物理规律的所需的全部信息。通过逻辑推理确定物理规律与实验结果之间的关系，分析物理规律，引导学生理解各阶段探究活动之间的逻辑关系，主要让学生知道如何做，如何把握各个过程的内在联系。

在实践活动操作证据分析阶段，教师要引导学生对于实验所得数据进行分析，以逻辑推理的形式找到物理规律与实验结果确实相匹配的证据，并且能够通过不同的表达方式，表现出物理规律。要引导学生使用数学表达的变式，变式也是演绎推理的结果，对于理解物理规律或解决实际问题都有重要的作用。理解物理规律并非只是理解物理规律的知识内容，还要领悟其蕴含的物理思想和科学方法。

（3）反思性研究，灵活布置作业课后反思探究活动，通过课后的反思过程，学生可以更加深刻理解整个探究过程在头脑中建立清晰的逻辑结构，同时这也是一个总结课堂上探究活动不足的过程，厘清物理概念之间的关系，应用物理规律，同时也加深对物理规律的理解。反思性研究的过程，教师可以布置开放性的作业，促进学生"再提问""再探究"。

六、课堂教学案例的实施

我们选取牛顿第二定律和闭合电路欧姆定律为教学实践的教学内容。牛顿第二定律在物理学中具有其特殊的地位，作为经典力学体系基本定律，它既包含了理论方面也包含了经验方面。对于加速度、质量和力的关系来说，牛顿第二定律把不同范畴的概念综合在一个关系结构中，而这种关系恰能体现探究规律型教学模式中的意义逻辑的建构，而非形式上的逻辑关系。

闭合欧姆定律在电学中具有重要的地位，并且在初中已有接触，所以学生的在探究起来相对容易，我们可以在探究中活动中，看到学生如何根据实验事实提出问题，寻找证据，进行辩论，能够将整个探究过程展现出来，学生们在物理规律学习的过程中，除了知道相关的物理知识外，还需要明确科学方法是如何随着探究的进行和对物理事实的推演，而与物理教学内容结合在一起的，更能体现出探究规律型教学模式中逻辑方法的建构。

第七章　高中物理实验教学理论与策略

第一节　物理实验概述

物理实验是有目的、有计划地运用仪器、设备，在人为控制条件下，使物理现象反复再现，从而进行认真观测，获取大量资料的一种科学研究方法。物理实验的主要特点有两个：一是可控性，二是可重复性。在物理教学中做的物理实验是物理教学实验，普通高中新课程标准注重实验探究，实质上是注重真正体现物理学研究过程和方法的物理实验素养。

一、物理实验的分类

（一）体验性实验

体验性实验是指通过学生实验，获得物理现象的典型表象和身体感觉，为建立物理概念或模型提供表象，为理解物理知识提供典型案例。

例如，在"弹力"教学活动中，设计体验性实验：

（1）显示玻璃瓶微小形变。

（2）建立形变与弹力的联系（器材：橡皮泥、弹簧、橡皮筋、面团、导线、杆、弹力球）。

（3）重物放在桌上使桌面微小形变，用薄木板代替桌面显化形变效果。

（4）重物放在桌上，重物发生形变，用水袋代替重物显化形变效果。

（5）绳挂重物，绳发生形变，用橡皮筋代替细绳显化形变效果。

（6）绳挂重物，重物发生形变，用水袋代替重物显化形变效果。

又如，用手去推动放在水平地板上的木箱，感受相对运动趋势与摩擦力的关系。

（二）测量性实验

物理学需要测定自然界的一些常数，这样的实验是测量性实验。在物理教学中设置测量性实验是为了使学生掌握基本的实验技能。学生通过完成这类实验，接触了各种测量仪器，学会了正确使用仪器及对测量数据进行筛选与处理。普通高中新课程标准要求的测量性实验有"测量做直线运动物体的瞬时速度""长度的测量及其测量工具的选用""测量金属的电阻率""测量电源的电动势和内阻""用多用电表测量电学中的物理量""用单摆测量重力加速度的大小""用油膜法估测分子的大小""测量玻璃的折射率"和"用双缝干涉实验测量光的波长"等。这类实验的教学应特别引导学生关注测量的原理与提高测量精度的方法。

（三）验证性实验

验证性实验的设置，旨在加深学生对所学物理定律的理解。使学生懂得物理定律是一种客观存在，是不随时间地域而改变的，物理定律有其坚实的实验基础。具体有"验证机械能守恒定律""验证动量守恒定律"等。这类实验的教学应着重于引导学生明确要验证什么规律，以及怎样控制规律成立的适用条件。

（四）探究性实验

探究性实验设置的目的，是让学生经历科学探究的过程，提升提出问题，合理猜想，设计实验方案，论证实验方案，控制实验条件和合理规划操作步骤，进行数据分析和处理，讨论实验结果等科学探究的素养。具体有"探究弹簧弹力与形变量的关系""探究两个互成角度力的合成规律""探究加速度与物体受力、物体质量的关系""探究平抛运动的特点""探究向心力大小与半径、角速度、质量的关系""探究影响感应电流方向的因素""探究变压器原、副线圈电压与匝数的关系"和"探究等温情况下一定质量气体压强与体积的关系"等实验。这类实验的教学要着重引导学生设计实验方案和论证实验方案，培养实事求是的科学态度，逐渐形成物理学科研究问题的思维习惯与方式。

二、物理实验的功能

物理实验教学是物理教学的重要组成部分，对学生认识物理现象、探究物理规律、激发学习兴趣、促进思考和提升科学素养起着重要作用。

（一）优化认知结构

在物理教学中，实验是为教学服务的。实验教学除了必须满足实验本身所要求的科学性外，还必须与认知规律相结合。

（1）提供表象

吴加澍老师在《意识·功能·方法》这篇文章中指出："有些实验原本也可通过教师的讲述，用语言形式来呈现，但与演示实验相比，视觉刺激要比听觉刺激强烈得多，具体形象要比再现形象鲜明得多。"表象是形成概念和模型的基础，是认知物理概念和模型的加工"原料"。认知心理学家研究得出表象的形成过程是：①语言提示，调动原有的正确表象；②实验演示，纠正原有的错误表象；③实验组合，从个别表象发展为一般表象。

例如，曲线运动速度方向的教学。

实验1（投影放大）：在光滑的白铁板上，吸住几段由磁性橡胶接成的曲线轨道。蘸有红墨水的鼠标球先紧贴轨道运动，后沿切线滚出做直线运动；拿掉一段轨道后，重复这一实验，小球又从另一点沿切线直线滚出；再拿掉一段轨道……

实验2（自制锅盖）：锅盖周边镶上海绵，边缘有很多密集小孔，先让海绵吸上红墨水，让锅盖在白纸上转动，白纸上会留下红墨水沿切线飞出的痕迹。

实验演示了小球从几个特定位置滚出的情况，那么在其他各点情况又如何呢？通过实验组合，从个别表象发展为一般表象。

（2）提供引发认知冲突的真实情境

从认知的角度看，只有不断地打破学生原有的认知结构，使他们的思维远离平衡状态，才能有效地调动学习新课题的积极性。为此，我们可以运用实验手段，将新旧知识矛盾尖锐地摆在学生面前，使他们的思维处于激烈的不平衡状态中，从而带着要解决问题的迫切心情投入学习，为知识的"顺应"打好基础。

例如，电容器和电容教学。

实验1：照相机在光线比较暗的情况下，都会用到闪光灯。闪光灯要工作需要电源。取下相机里的电池，相机还可以工作吗？（傻瓜相机在没有电源的情况下闪光灯仍能闪光一次）再试一次，现在不可以了。是什么东西使得闪光灯在没有电源的情况下仍然可以工作呢？（提供认知冲突，引入新的电学元件——电容器）

实验2：体积小的电容器容纳电荷的本领一定小吗？取一大一小两只电容器，都用两节干电池给它们充满电。然后，将电容器直接与取掉电池的石英钟相连，与学生一起数石英钟能够工作的时间。（提供认知冲突，激发学习深入性。从电容器的电容决定因素着手，师生互动分析可能原因）

（3）有助于物理观念的形成

物理现象丰富、生动、具体，是本质特征和非本质特征的综合体，且非本质特征常常是外显的，这阻碍了学生对本质特征的认识，而物理实验通过控制非本质特征，减少非本质特征的影响，将本质特征外显。所以利用物理实验再现客观物理现象，有利于学生对本质特征的认识，有利于学生建立物理概念和物理规律，推进学生物理观念的形成。

例如，加速度是一个很抽象的概念，在新学习时，学生很难理解加速度就是速度变化率，表示速度变化的快慢，并将其与速度、速度变化量的概念相混淆。为此，运用实验手段，在同一情境中，通过物理量的测定，就会收到不错的教学效果。

这样通过对实验现象的观察和对实验数据的计算，使加速度这一新的概念在学生头脑中得以内化巩固，同时也形象直观地阐明了速度、速度变化量、速度变化率（加速度）三者的联系和区别。

（二）发展思维能力

实验过程其实就是问题解决过程，极大地激发了学生的思维。如在"用油膜法估测分子的大小"中如何测出油膜面积？在"测量玻璃的折射率"中如何确定光路？学生能够通过实验学到的思维方法有：等效替代法、控制变量法、累积法、转换法、放大法等。例如，牛顿发现万有引力定律之后的100年内，一直没有人能在实验室内验证它，那是因为两个普通的物体之间的引力实在太小了，无法显示出来。为了解决这个问题，卡文迪许通过转换思想，设计了扭秤装置，巧妙地将力的测量转换成力矩的测量，而力矩的大小正比于石英丝的转动角度，这种转动的角度又转换成光点的移动，即力—力矩—扭丝偏角—光标位置。通过三次转换，就使微小力的测量成为可能。

（三）发展探究能力

在高中物理课程中有许多探究性实验，每个实验都需要学生提出问题、提出猜想与假设、制订计划与设计实验、进行实验与搜集证据、分析与论证、评估等，十分有益于培养学生的探究能力和科学态度。

（1）物理实验有助于培养学生发现和提出问题能力

物理实验本身就是情境，学生在观察和体验后有所发现、有所联想，萌发出科学问题；如果在实验前引导观察的重点和思考的方向，就更加容易让学生自己提出应探究的科学问题。

（2）物理实验有助于提出猜想和假设

面对实验现象，如果无法用学生已有的知识来解释，学生自然就会提出猜想和假设。例如，分别用内接法和外接法测量同一个电阻，面对阻值差异较大，无法用理想电表模型解释时，学生一定会提出电表本身有电阻这一猜想和假设。

（3）物理实验有助于提高学生制订计划的能力

完成实验的过程就是一个问题解决的过程，需要考虑实验原理，设计实验方案，实施实验操作，还要小组成员分工合作，只要教师给学生自主实验的机会，这样的实验经历肯定有助于提高学生制订计划的能力。

（4）物理实验有助于提高搜集证据的能力

实验时，学生不仅观察与猜想相符的物理事实，还需要观察和收集那些与预期结果相矛盾的信息。基于实验经历的证据搜集，有助于提高搜集证据的能力。

（5）物理实验有助于提高科学探究的交流和表达

实验时需要各小组汇报实验设计方案、实验经历和实验数据，需要对实验结果进行分析等，其实是为科学探究提供了交流和表达平台。学生可从以下两个方面提高表达能力：一是交流内容的组织；二是陈述的形式。教师应该引导学生根据内容选择恰当的形式进行交流，准备有条理的讲稿，进行准确和富有逻辑的发言。

（四）获得实验技能

物理实验技能建立在仪器的正确使用和操作步骤的合理编排上。正如"纸上谈兵"无法让人获得实战能力一样，"黑板上做实验"也无法让学生获得实验技能。实验技能只能在真实的实验操作中获得。例如，在练习使用多用电表实验（黑表笔插在"—"插孔，红表笔插在"+"插孔）中，通过学生动手实验，获得使用多用电表测量电阻的操作技能。

（五）培养积极情感

（1）激发学生的学习动机和兴趣

物理实验教学激发的学生兴趣通常有三种：直觉兴趣、操作兴趣、探索兴趣。通过实验使学生身临其境，通过实验让学生亲自体验，通过实验巧设问题均能有效地激发学生的内在积极性，将教育的要求有机地内化为学生的自觉行动。

例如，"力的分解"一课，设计如下引课过程。

教师：在生活中，我们经常可以看到晾衣绳是弯曲的，假如我抓住这一端，你抓住那一端，咱俩一起使劲地拉，能不能把它拉直呢？

学生：能。

教师：下面，请两位同学上来尝试一下。（在一根绳子的中间悬挂一个重砝，让两位学生使劲地往两边拉）

教师：使劲！没有拉直，再使劲！还是没有拉直。

教师：他俩够努力了！拉不直不能怪他们，其实这是一个不可能完成的任务。

学生：为什么拉不直呢？

教师：要解决这个问题，我们需要学习"力的分解"。（引出了课题）

学生认为绳子是可以被拉直的，在他们作出这个判断之前，其实并没有规律作为理性思考的依据，而是依据生活中显而易见的直觉经验。在面对这个意想不到的结果时，学生自认为正确的想法受到了挑战，让他们不得不去审视原有的观点。教师没有直接给出问题的答案，而是告诉学生只有掌握新知识之后才能解决这个问题，这就吊起了学生的"胃口"，给他们制造了强烈期待的情绪，期待通过对新知的努力学习来破解这一悬念。

（2）培养哲学观念

通过物理实验教学能够培养学生的哲学素养，尤其是辩证唯物主义世界观，包括世界是由运动物质组成的唯物主义观点，实践是检验真理唯一标准的认识论观点，对立统一观点，量变到质变的观点。例如，光的衍射实验、光电效应实验可使学生认识事物变化总是由量变开始的，量变引起质变。光的波粒二象性则体现了辩证法的核心——对立统一规律。

（3）有助于科学态度与责任养成

物理学本身是以实验为基础的科学。求真务实，一切从实验出发的科学态度和力戒弄虚作假，严谨求实，一丝不苟的作风，才使得物理学得到了快速发展。物理学家为探索知识而不怕牺牲，无私奉献，孜孜以求，开拓创新的科学精神以及渗透在物理学中的科学研究方法（观察、实验、假设、理想模型、等效处理、隔离分析等），这些都有助于学生科学态度与责任的养成，促进学生科学素养的形成和提高。

例如，科学史上对于光折射规律的研究历经了1000多年，在此过程中蕴含着许许多多的困难和科学家的探究精神。对此，在教学中应突出科学家测量数据时的求真，对数据分析寻找规律时的严谨和探究的艰辛和曲折。具体教学过程如下：

展示探究的艰辛和曲折，一步一步进行尝试和探究。

①通过实验得到10条光线对应的测量数据。

②展示探究的艰辛和曲折，一步一步进行尝试和探究。

第二节　物理实验的学习过程

随着教学改革的深入，实验的功能已从验证已知规律拓展为引发"认知冲突"、获得典型的表象和体验、探究规律、领悟物理学研究方法等等。实验已从教学辅助手段转变为物理教学的基础。我们从学生如何学习的视角审视物理实验教学，在认知学习理论基础上，吸收大量优秀物理教师的教学经验，并结合自己的思考，提出体验性实验、测量验证性实验、探究性实验的学习过程。

一、"学为中心"的体验性实验学习过程

（一）明确实验目标

实验目标对实验教学起到导向、反馈和调节作用。它有利于实验教学目的的明确化，实验能力培养的具体化；实验教学目标既是实验教学的出发点和归宿，也是实验教学测量和评价的基本依据。"学为中心"的体验性实验目标主要包括：

（1）对实验有浓厚的兴趣，强烈的追求，具有克服困难的坚强意志。

（2）明确实验中要观察的对象及基本现象，记住现象说明的基本问题。

（3）能明确观察对象的主要特征及其变化的条件。

（4）能用适当的语言描述观察到的现象。

例如，设计感受向心力的实验，其实验目标是用身体去感受向心力的存在，体会与向心力相关的因素。物体做匀速圆周运动时，向心力指向圆心；向心力的大小与转动半径、物体的质量、转动的角速度有关。

（二）认识器材

在"学为中心"的体验性实验学习过程中，认识器材包括：

（1）知道基本仪器的用途、主要构造及各部件的作用。

（2）知道基本仪器的操作方法。

（3）理解重要实验器材的原理，即明确实验中所运用的物理知识和所要观察的物理现象，以及所要观测的物理量，知道观察和测量的方法。

实验器材主要包括：钉有数颗钉子的木板、铁块及线。认识器材的操作和观察方法如下：实验采用钉有钉子的木板作为做圆周运动的物体，通过给木板配上不同质量的铁块，改变做圆周运动的物体的质量。把木板放在手掌上，有钉尖的一面对着手掌心，伸直手臂，带动着木板绕身体竖直轴做匀速圆周运动和变速圆周运动。此时向心力为手掌对物体的摩擦力，方向指向人的身体。通过体会手的感觉，感受向心力。

（三）操作体验

体验学习是集知识、实践、反馈于一体的学习方式，体验感悟是内化物理知识的主要途径。"学为中心"的物理体验性实验学习是在教学过程中依据物理学科教学内容的需要，通过创设教学情境，设计教与学的活动，学生通过操作体验理解知识、发展能力、建构意义、生成情感的一种教与学的方式。

例如，通过体验性实验，获得体验感悟：一是手臂带动木板绕身体竖直轴做匀速圆周运动时，手有刺痛的感觉，感觉到钉子向外刺掌心；二是随着身体转动速度的加快，掌心更加刺痛；三是略缩回手臂后，掌心的刺痛感加强；四是绑上铁块后，掌心的刺痛感加强；五是突然间停止转动，手感觉到钉子朝原来的运动方向刺掌心。

（四）交流认识

交流认识要向全体学生开放，使每一个学生在操作体验后，从自己的角度用自己的方式，描述物理器件的特征、概括观察到的实验现象、猜想现象背后的原因、揭示物理规律等。例如，学生经历的体验性实验，通过控制变量法，加快身体转动的速度、略缩回手臂、将铁块绑在木板上，交流手掌的感觉，感悟影响向心力的几个因素。带动木板绕身体竖直轴做匀速圆周运动和突然停止转动时，在小组内交流掌心的感受，认木板的相对运动趋势。

值得一提的是，课堂教学过程绝对不是依靠学生的单方活动就可以自发地推进的，没有教师的组织，课堂马上就会失去思维的张力，变成一盘散沙，学生可能只会生成一些表面的、肤浅的、无意义的认识。作为"重组者"，教师要及时判断、筛选、提炼、重组互动中产生的各种资源，及时地确定随后的探究方向，使得探究活动始终沿着达成教学目标、促进学生发展的方向推进。

二、"学为中心"的测量验证性实验学习过程

测量性实验又分为直接测量性实验和间接测量性实验。直接测量性实验是让学生掌握使用基本仪器；间接测量性实验是让学生利用已有的物理概念或物理规律并运用一定的仪器来测定某个物理量。这类实验可以帮助学生了解测量仪器的工作原理和方法，掌握基本仪器的操作规范。

验证性实验的目的是通过实验，运用所学的知识和实验技能对实验现象、数据、

图象进行分析，得出结论，验证规律，从而使学生确信这些规律，更好地理解和应用这些规律。

（一）明确实验目标

做任何事情，目标都是第一位的，只有目标明确了，才能确定前进的方向和后续的工作。例如，双缝干涉测量光的波长的实验目标就是测定不同颜色的光的波长。验证机械能守恒定律的实验目标是用实验验证机械能守恒定律。

（二）理解原理和方法

原理是测量和验证实验的理论依据，方法是实施测量和验证的"桥梁"。验证性实验既要关注验证的物理规律的内容，还要关注这个规律的成立条件。

（三）认识器材

认器材是指掌握实验所需仪器的构造、原理和使用，以便正确使用仪器进行观察、测量和读数。例如，在"用双缝干涉测量光的波长"实验中。

在双缝干涉实验仪中，学生需要认识的主要器材有照明系统、单缝、双缝、遮光管、观察筒及测量头。

（1）照明系统是指光源灯泡、透镜、遮光板及滤光片。

（2）遮光筒是安装其他部件的基准，并能挡住杂光干扰，犹如暗室。

（3）观察筒由筒体、毛玻璃屏及目镜组成。毛玻璃屏用于接收干涉图样。通过透镜的放大作用，干涉图样看得更清晰。

（4）测量头包括游标卡尺、分划板、滑块座、滑块、目镜、手轮等。游标卡尺的主尺固定在滑座上，游标、分划板、目镜固定在滑块上。转动手轮，推动滑块在滑座里移动，并带动游标、分划板一起移动，通过目镜可看到分划板上的刻线与干涉条纹的相对位移、干涉条纹的间距由游标尺上读数算得。

（5）观察筒与测量头可互换使用，但不能同时使用。

随着技术的进步，测量仪器也会变化，是数字化的"双缝干涉分析仪"（摄像头通过 USB 接口与电脑连接）。此仪器利用激光器作为光源，克服了普通光单色性不好、强度较弱的缺点。摄像头将光屏上的干涉条纹实时地传递给计算机进而通过投影仪在大屏幕上显示出来，给学生以真实、清晰的感受。

例如，在单摆验证机械能守恒定律中，用光电门和数据采集器测量速度；摆锤改用砝码而不用小球，原因是使用小球时，很难保证小球重心经过光电门的小孔，即挡住光电门小孔的往往是某根弦而非直径，导致速度测量误差很大。而砝码的下半部分是圆柱体，可以保证每次经过光电门时直径是相同的，从而减小速度测量的误差。

（四）确定操作步骤

"学为中心"的测量验证性实验尤其关注实验技能的培养。学生能否根据实验对象、测试项目和使用的器材，设计编排实验步骤；实验步骤的编排是否科学有序；实验过程的设计是否科学合理；技术细节是否严密可行，方法是否得当，均需要论证与分析。

（五）获得实验数据

做完实验后，应该将获得的大量数据，尽可能整齐地、有规律地列表表达出来，以便运算处理。"获得实验数据"环节是指设计出简要的实验数据记录表格，进行操作和读数，并进行数据记录。

（六）处理数据获得结果

在测量性物理实验中，处理数据经常采用平均值法或图解法。例如，用双缝干涉测量同一种光的波长，通过更换间距 d 值不同的双缝，进行多次测量获得光的波长。对于同一物理量波长 λ 进行多次测量，结果不会完全一样。用多次测量的算术平均值作为测量结果，实验误差最小。取算术平均值是为了减小偶然误差而常用的一种数据处理方法。又如，在用伏安法测定电源的电动势和电阻的实验中，为了减小偶然误差，要多做几次实验，多取几组数据，然后利用 U-I 图象处理实验数据。

在验证性物理实验中，根据实验对象和所测量的数据找出普遍特征，验证某些规律，依据数据的取舍、计算、制表、填表、读图、作图等数据处理的方法，分析数据，推断出合理的结论，恰当地用文字或数字表述实验结果。

三、"学为中心"的探究性实验学习过程

（一）问题情境

探究始于问题，探究性实验应该特别关注问题情境的创设。"学为中心"的探究性实验问题情境是指提出一个问题，让学生还难以用已有的知识处理，也是指个人自己觉察到的一种"有目的但不知如何达到"的心理困境。

例如，在探究感应电流的产生条件时，通过实验激趣，设置问题情境，引发"磁生电"悬疑：①教师将 MP3 与播放器连接播放一段音乐，随后拔掉音频线；②MP3 与播放器音频线不直接连接，将事先准备的另一条被切断的音频线，一端让 MP3 与小螺线管连接，另一端让大螺线管与播放器连接，将小螺线管插入大螺线管中，音乐再次响起；③提出问题：这对大小螺线管之间究竟发生了什么现象？

（二）定性分析

定性分析是凭借学生的直觉和长时间的实践所积累的经验，对研究对象的性质、特点以及发展和变化的规律作出一定判断的一种方法。定性分析的方法具有两个重要的特点：一是定性分析可避免繁复的计算，省时、快捷且事半功倍；二是定性分析具有相当严密的逻辑性，能够深入到事物的本质。

（三）明确探究目标

明确探究目标就是通过对实际问题的定性分析后，转化为用物理语言可以清晰表

达的目标，如探究某一类物理现象产生的条件、研究物理量之间的关系等。如明确探究目标是探究感应电流的产生条件。

（四）形成猜想和假设

形成猜想和假设，主要是一个思维的过程。在此过程中，怎么"猜"，怎么"假设"，特别是怎么科学地"猜"或"假设"，这主要涉及科学思维方法的问题。能够承担猜想的科学思维方法有许多，例如直觉、灵感、顿悟方法，科学想象方法和科学抽象方法等。

提出猜想：①闭合电路中部分导体切割磁感线能产生感应电流，可能是在匀强磁场中，闭合回路的面积发生变化能产生感应电流；②在闭合电路中，在线圈面积不变的情况下，磁场强弱发生变化能产生感应电流；③磁通量少既与磁场有关，又与面积有关，用来描述感生电流产生的条件。

（五）册实验方案

"学为中心"的探究性实验强调让学生自己设计实验方案，通过不同小组实验方案的展示与评价完善实验方案。实验方案设计时，教师要引导学生把探究问题分解为几个相对独立的小问题，思考解决每个问题的不同方法，根据现实条件选择适当方法形成探究计划。

（六）评价、选择方案

评价实验设计方案是否可行？不仅关系到实验的成败与效果，评价其实也是共享实验设计成功与失败经验的机会，通过评价可以极大地提升学生实验设计的能力。评价的依据是物理实验方案设计的基本原则，具体有：①科学性原则：所依据的原理应符合物理的概念和基本规律；②可行性原则：方案应安全、可行，对人体无伤害；③简便性原则：在能达到目的的情况下，所用器材应尽量简单；④准确性原则：方案应尽量减小误差，提高测量精确度。

确定实验器材、确定操作步骤、获得实验数据、处理数据获得结论，因与前面所述的学为中心的测量验证性实验学习过程非常类似，在此不再赘述。

第三节　物理实验教学策略

物理实验教学的目标主要有：①提高操作能力；②掌握思想方法；③培养科学态度。实验课既不能上成放手让学生自己做的"放羊型"课，又不能上成只让学生进行操作训练的"操作训练型"课。要避免这两类课，关键就是能否真正把握"学为中心"。本节从以学为本、少教多学、以学定教三个维度讨论物理实验教学策略。

一、"以学为本"的物理实验教学策略

许多物理教师都会说实验的重要性，但实验教学仍然是中学物理教学的薄弱环节，究其原因，一些教师潜意识里，认为实验要说明的问题我也讲得清楚，这其实是教师站在已经具有系统物理知识这一高度时的想法，教师应站在学生的角度去看待实验的意义。

（一）通过体验性实验，让学生经历概念规律的认识过程

体验性实验是对概念的直观感受和对规律的初步体验，是进一步学习的素材和支撑，是集知识、实践、反馈于一体的学习方式。心理学家的研究表明"阅读的信息，能学习到10%；听到的信息，能学习到15%；所经历过的事，却能学习到80%"。同时，体验过程中还可以培养学生积极的情感、态度和价值观。

例如，设计体验性实验，感受体验超重与失重的产生条件。

（1）在纸带中间部位剪个小缺口，纸带的一端牵挂一重物，重物用手托住，提起重物向上匀速运动，这时纸带没有断；然后向下匀速运动，纸带依然没有断；提着重物向下加速运动，突然停住，纸带断裂！纸带为什么会断？到底在什么时候断？通过设计简单而巧妙的体验性实验，让学生初步体验了超重。

（2）取一装有水的可乐瓶，在底面打一小孔，水从孔中喷出。让可乐瓶竖直上抛、竖直下抛、平抛、斜上抛、斜下抛、自由落体运动，水会不会从小孔中喷出？让学生在猜测、实验、思维冲突中初步体验失重的产生条件。

（二）通过测量验证性实验，让学生经历实验技能的熟练过程

传统教学模式下培养出来的学生的实验技能是十分缺乏的。具体表现在参加实验考查时，即使面对十分简单的实验，例如"打点计时器的使用""用多用表测电阻"时学生的手不断地抖，看一步操作步骤做一步，根本达不到熟练（自动化）程度。究其原因，是教师不熟悉实验技能的学习规律。有的教师把实验技能的学习等同于知识的学习，认为我已经把它讲清楚了，你们也就会了。有的教师由于自己已经掌握了实验技能（达到自动化）而认为实验技能的学习很简单。其实实验技能的学习一般需要经历三个阶段：第一是认知阶段，学习者通过外部的言语指导，或通过观察他人的操作示范，试图理解任务及要求。这里的"操作示范"可以是指导者的示范，也可以是其他学习者操作的示范。这一阶段的主要任务是领会技能的基本要求，掌握组成技能性活动的局部动作。第二是联系形成阶段，此时学习者要建立外部刺激与动作之间的联系，这一阶段的基本任务是把局部动作组成大的单元。第三是自动化阶段。学习者经过练习，各个局部动作之间的联系已经形成，一长串的动作系列已联合成一个有机的整体，其中的多余动作已消失，整套动作进行得流畅、省力，可以一气呵成。

考虑到测量验证性实验，学生探究思考、交流讨论的时间不多，应该让学生经历实验技能的熟练过程。

（三）通过探究性实验，让学生经历方案设计和论证的过程

通过探究性实验，引导学生探索、发现物理规律，使学生经历类似科学家探索物理世界的过程。在实验教学中，由教师或学生提出问题，让学生自行制订实验计划，设计并评价实验方案，选择实验器材，动手操作，收集并处理数据，进一步归纳得出结论的实验。在此过程中，教师的主要任务则是提供仪器设备，解答学生的疑问，进行一定提示或启发，不能代替学生设计或操作实验。

引导学生经历方案的论证过程：

（1）若利用实验方案甲，采集实验数据并画出伏安特性曲线。

在图象中，后面的点分布比较均匀，可是在1.5V以下没有测量点。分析电路图甲发现，小灯泡是得不到1.5V以下电压的。那么，如何得到1.5V以下的电压呢？如果将滑动变阻器换一个阻值较大的，在实验时开始相当长的一段电压几乎是没有的，但是在最后一段稍微动一下变阻器滑片，就会超出它的额定电压，很难控制，连续性也不好。

（2）若利用实验方案乙，分析电路图发现，向右滑动滑动变阻器的滑片，小灯泡的电压可以从零开始调节且调节范围比较大。采集实验数据，可以得到小灯泡完整的伏安特性曲线。

二、"少教多学"的物理实验教学策略

减少教师教物理实验的时间，主要是指尽可能减少教师单向讲授的时间，避免教师以讲实验代替做实验，这样才能确保学生做物理实验的时间。

（一）避免教师讲实验，确保学生的实验学习过程

"纸上得来终觉浅"，其实"耳朵听来"也是一样，特别是对物理实验。实验是真实的事件，其所具有的丰富性不仅无法用语言表述，而且语言表述与真切的操作相比，熟悉和掌握程度也完全不同。比如，实验条件、操作中的注意事项等，做过实验的人能把它牢记在心，而没做过实验的人，把那些知识点整理成条条框框，强化记忆，仍容易忘记。

例如，用讲实验代替做实验，用讲实验题代替做实验的教学行为忽略了实验本身的功能，难以培养学生的实验思维能力和实验操作能力。又如，电学实验中，电源、电流表、电压表、滑动变阻器等仪器的选择，对没有实验经历的学生来说，不论做多少题，有些地方总是不精通。因此，为确保学生的实验学习过程，应避免教师讲实验，让学生真做实验，做真实验。

（二）精讲原理和器材，确保学生实验操作和数据处理时间

学生看到实验器材时，他的注意力已经在器材上了，还会不停地摆弄。如果此时教师还像平时上课一样，依次介绍器材名称，讲解工作原理，学生的视听信息会相互干扰，降低了课堂教学的效率。

在开始讲解器材作用与介绍实验原理时要利用现代技术手段节约时间。例如，介绍打点计时器各部分名称与作用时，可以用摄像头将实验器材放大，投影在屏幕上，这样学生既可以看到清晰的仪器，又可以听教师讲解。又如，在讲解打点计时器工作原理时，可用"打点计时器工作原理"的动画展示，这样就保证了学生有实验操作和数据处理时间。

确保学生实验操作和数据处理时间并不等同于"放羊型"课，教师要加强对实验操作过程及数据处理的反馈。例如，用手机及时拍摄学生不规范操作的视频和不严谨处理数据的照片，播放出来让学生进行评价。研究表明，只有不断地进行反馈，学生不规范的操作行为才能得到纠正。

（三）避免教师直接给出实验方案，确保学生设计和论证的时间

如果缺少对学生和教学目标的了解，就不能评价实验各个步骤的育人价值。面对探究性的实验，有的教师也直接给出实验设计方案，把物理实验课上成只让学生进行操作训练的"操作训练型"课。翻开物理学史，当年的物理大师们曾经运用物理实验发现了一个又一个规律，他们留给后人的启迪，不仅在于实验结果，更在于实验思想。他们那精巧的设计、灵活的思维、独到的方法都是值得我们继承和发扬的瑰宝。其实，物理实验一刻也离不开理性思维的引导和支持，以物明理，物、理渗透，这正是物理学科的特点和优势。因此，在实验教学中，必须注重实验与思维并重的原则，尽量放手让学生自己去设计实验方案，在教师指导下完成实验方案的论证，让学生经历实验方案的评价、完善过程，共享思维的成果。

三、"以学定教"的物理实验教学策略

学生个体的学习经验、原有知识结构和认知水平，是实验学习发生的基础和前提。学生是带着个体经验进入课堂的。只有从学生实际出发进行教学设计，才能做到真正的"以学定教"。"以学定教"在实验教学中的策略主要有以下几条。

（一）通过了解学生，探明实验学习的基础

学生在开始学习某一内容前已经具备有关知识、技能与经验。例如，在电学实验前，了解学生对电表、变阻器的认识和电路连接的熟练程度等，才能让教师决策实验的重、难点是什么。比如，学生在完成高中电学起始实验"测绘小灯泡伏安特性曲线"时，与初中相比，从实验电路看，从限流接法提升为变阻器的分压接法。从数据处理看，从表格中的数据分析提升为图象分析。通过了解学生的初始能力，确定实验学习的重、难点是理解分压接法的工作原理，掌握利用分压电路改变电压的基本实验技能，以及描绘伏安特性曲线。

（二）运用思维策略，形成实验过程中的思维方法

思维策略是指解决问题时所采取的总体思路，是带有原则性的思维方法。在高中

物理教学中形成实验过程中的思维方法主要有两种：隐性方式和显性方式。

隐性方式是指让学生经历物理概念的建立和规律的发现过程，使学生在探索发现的过程中，形成实验过程中的思维方法。

显性方式是指在教学过程中，提出科学方法的名称，并且利用学生容易接受的方式，以显性的方式形成实验过程中的思维方法，如实验条件控制方法、数据处理方法等，讲清方法的内容、特点和操作过程，同时指导学生学会应用这种方法。

例如，玻意耳-马略特定律是在气体（理想气体）质量一定且温度保持不变的条件下才成立。因此，对于"验证玻意耳-马略特定律"这一实验，用有刻度的注射器做实验时，要用适量润滑油涂抹活塞，将注射器的小孔用小橡皮帽堵住，以保证注射器内气体质量保持一定。同时，每次实验均应缓慢地进行，以保证气体温度保持不变。在处理实验数据，根据实验数据描绘图象，从非线性的 p-v 图象到变换坐标轴代表的物理量，画出线性的 $p\text{-}\dfrac{1}{v}$ 图象，进一步分析得出结论，验证规律。

（三）通过有序引导，完善实验的知识结构

物理实验知识结构体系的合理建构对物理实验能力的培养，科学实验素质的提高起着至关重要的作用。物理实验的知识包括器材名称和作用，实验方法，实验条件控制，实验操作，实验数据处理和结论归纳等，其中部分是陈述性知识（器材），可以用看与听的方式进行学习，有些是程序性知识（方法知识），需要在理解的基础上通过真实情境下的应用才能掌握，还有的属于动作技能，需要通过观看示范、动手操作及评价反馈才能掌握。

以力学实验为例，可以通过下面几个方面进行有序引导：

（1）实验器材类：实验需要用到的器材有哪些，同一实验目的可以用哪些器材来实现？等等。

（2）实验设计类：实验的原理是什么，如何控制变量，如何转化不能直接测量的物理量？等等。

（3）实验操作类：哪些实验需要平衡摩擦力，如何判断摩擦力得到了平衡，如何保证小球是水平抛出，如何确定小球的位置，等等。

（4）数据处理类：获得数据以后有哪些方法可以找到物理量之间的关系，取平均值与用图象处理哪个方法更好，等等。

参考文献

[1] 陈齐斌. 基于核心素养培育的高中物理教学策略——以鲁科版"洛伦兹力"教学为例 [J]. 教学管理与教育研究, 2021, 6 (15): 3-8.

[2] 王一蓉, 田野. 基于学习动机理论的高中物理演示实验教学策略 [J]. 物理实验, 2021, 41 (1): 4-6.

[3] 王稣. 可视化教育理论与高中物理教学创新思考研究 [J]. 教育界, 2021, 10 (29): 93-94.

[4] 宗敏. 高中物理核心素养与"问题——互动"式教学 [J]. 数理化解题研究, 2022, (18): 3-9.

[5] 张丽平. 高中物理高效课堂的构建策略探究 [J]. 世纪之星——交流版, 2021, 12 (20): 2-8.

[6] 人民教育出版社课程教科书研究所物理课程教科书研究开发中心. 普通高中课程标准试验教科书: 物理必修1 [M]. 北京: 人民教育出版社, 2007.

[7] 董南平. 项目教学法在中职物理教学中的有效应用 [J]. 新课程研究 (中旬刊), 2014, 08: 121-122.

[8] 巴克教育研究所. 项目学习教师指南: 21世纪的中学教学法: 第2版 [M]. 北京: 教育科学出版社, 2008.

[9] 宁文文, 李振文. 基于项目式教学的高中物理教学实践——以"制作欧姆表"为例 [J]. 教育, 2019, 13: 60-61.

[10] 丽莲·凯兹, 西尔维亚·查德. 开启孩子的心灵世界: 项目教学法 [M]. 南京: 南京师范大学出版社, 2007.

[11] 蒋汉松. 高中物理电磁学教学策略研究 [J]. 新课程导学: 中旬刊, 2017, 5 (12): 1-6.

[12] 莫才福. 用具身认知理论激活高中物理教学策略探究 [J]. 广西教育, 2021, 12 (22): 2-6.

［13］徐为为．基于"项目学习"的高中物理教学研究［J］．文理导航（中旬），2018，32（11）：51.

［14］国秀龙．以"项目学习"法优化高中物理教学［J］．华夏教师，2018，103（19）：63-64.

［15］刘艳．高中物理教学中学生"实践意识"培养的策略研究［J］．数理化解题研究，2022，（6）：71-73.

［16］金银书．高中物理教学中学生解题能力的培养策略研究［J］．数理化解题研究，2022，（6）：98-100.

［17］王倩，雷洁红，梅红雨．高中物理教学中促进学生深度学习策略的探索［J］．广西物理，2022，43（1）：3-9.

［18］谢文良．论高中物理实验教学的重要性及创新教学策略［J］．读与写：下旬，2022，（1）：47-48.

［19］郑志丽．初高中物理衔接教学的策略研究［J］．安徽教育科研，2022，（20）：3-5.

［20］唐雅静．基于深度学习理念的高中物理教学策略研究［J］．数理天地：高中版，2022，（22）：3-11.

［21］李志广．形象思维能力在高中物理教学中的培养策略探讨［J］．教学管理与教育研究，2021，6（2）：92-93.

［22］韩士德．高中物理实验创新教学策略研究［J］．世纪之星——高中版，2022，（6）：3-7.

［23］姜翠霞．简述高中物理教学中创新实验的设计与实践策略研究［J］．世纪之星——高中版，2021，（21）：2-8.

［24］孔燕红．高中物理教学中问题导入策略分析［J］．考试周刊，2021，13（1）：124-126.

［25］龚春燕．新课改下高中物理教学中的问题及其对策研究［J］．试题与研究：高考版，2021，12（18）：57-58.

［26］郭杰．基于新课程下的高中物理教学研究与实践［J］．数理化学习（教育理论），2021，12（8）：21-22.

［27］王虎．高中物理实验教学的策略探究［J］．东西南北：教育，2021，（5）：1-7.

［28］王定位．高中物理实验课教学的策略研究［J］．中学生作文指导，2021，（8）：191.

［29］王佛宝．高中物理实验教学小组合作学习策略研究［J］．发明与创新·教育信息化，2021，12（5）：117-118.

［30］周晓燕．高中物理教学中学生创造性思维的培养策略探讨［J］．读与写：

下旬，2021，（7）：1-6.

[31] 王艳. 核心素养背景下高中物理教学方法探讨［J］. 数理化解题研究，2022，（27）：3-9.

[32] 杨斌. 高中物理实验创新教学的研究［J］. 国家通用语言文字教学与研究，2021，12（10）：55-59.

[33] 景爱兵. 促进高中物理规律课教学深度学习的策略研究［J］. 读与写：下旬，2021，12（11）：67

[34] 张伟凡. 基于学科核心素养的高中物理课堂教学评价策略研究［J］. 学苑教育，2021，3（35）：P.92-96.

[35] 徐宝龙. 新课改背景下高中物理有效性教学策略探究［J］. 数理化学习（教育理论），2021，12（5）：27-28.

[36] 许开荣. 高中物理教学与研学旅行实践研究［J］. 中学课程辅导：教师通讯，2021，000（022）：P.3-4.

[37] 徐军. 普通高中学生物理学习心理问题及解决策略［J］. 安徽教育科研，2021（36）：2-9.

[38] 邵云峰. 合作学习在物理教学中应用的理论与实践［J］. 文理导航·教育研究与实践，2021，2（8）：134-136.

[39] 张永亮. 探析任务驱动教学法在高中物理课堂中的运用［J］. 试题与研究：教学论坛，2021，（22）：1-5.

[40] 王春花程敏熙郭湆尉. 基于思维培养的高中物理可视化教学策略［J］. 中学物理教学参考，2021，（26）：48-50.

[41] 张俊. 探究性学习模式在高中物理教学中的应用［J］. 数理化解题研究，2022，（15）：107-109.

[42] 王亮伟. 基于课程标准的高中物理实验教学创新策略［J］. 实验教学与仪器，2022，39（9）：3-9.

[43] 袁慧敏. 高中物理解题思维方法的探究与运用研究［J］. 读与写：上旬，2022，22（1）：2-6.

[44] 靳俊生. 问题教学法在高中物理教学中的应用策略［J］. 读天下（综合），2021，1（15）：77-78.

[45] 陈建华. 提高实验教学效益提升物理教学质量［J］. 数理化解题研究，2022，（15）：65-67.

[46] 吕艳坤，唐丽芳. 指向学科核心素养的物理概念教学反思与重构［J］. 天津师范大学学报：基础教育版，2022，23（5）：6-12.

[47] 张玉强. 问题教学法在高中物理教学中的应用分析［J］. 新课程研究，2021，（22）：2-5.

［48］郑月晓.理实一体化教学模式在中职物理教学中的应用［J］.世纪之星——高中版，2021，（25）：2-7.

［49］高嵩，贾琨，蔡阳健.基于物理学史的布朗运动教学问题研究［J］.中学物理，2021，39（23）：4-8